1000 englische Redensarten

Mit Anwendungsbeispielen, Übersetzungen und Register

Von der LANGENSCHEIDT-REDAKTION
und R. J. QUINAULT

Vollständige Neubearbeitung
von TERRY MOSTON

LANGENSCHEIDT

BERLIN · MÜNCHEN · WIEN · ZÜRICH · NEW YORK

Illustrationen: Achim Theil

Auflage:	*5.*	*4.*	*3.*	*2.*	*letzte Zahlen*
Jahr:	*2000*	*99*	*98*		*maßgeblich*

© 1996 Langenscheidt KG, Berlin und München
Druck: Druckhaus Langenscheidt KG, Berlin-Schöneberg
Printed in Germany · ISBN 3-468-43122-8

Vorwort

Die englische Sprache umfaßt eine Vielzahl von idiomatischen Redensarten, die einen wesentlichen Teil der Umgangssprache ausmachen. Diese zu verstehen und auch richtig anzuwenden bereitet Englisch-Lernenden häufig große Schwierigkeiten.

Denn es ist ein typisches Merkmal der Redewendungen, daß sich ihre Bedeutung nicht durch die Übersetzung der einzelnen Bestandteile erschließt. Ja häufig führt eine solche Wort-für-Wort-Übersetzung sogar völlig in die Irre: So bedeutet beispielsweise *to beat about the bush* keineswegs „auf den Busch klopfen", sondern vielmehr „wie die Katze um den heißen Brei herumschleichen". Dieses Beispiel zeigt, daß man sich idiomatische Redensarten als Ganzes einprägen muß. Das vorliegende Buch ist dafür ein hervorragendes Hilfsmittel.

Langenscheidts 1000 englische Redensarten haben ihren Gebrauchswert über viele Jahre hin bewiesen. Doch mit dem Wortschatz ist auch die Idiomatik einer Sprache der Entwicklung und dem Wandel unterworfen. Daher war es jetzt an der Zeit, eine grundlegende Neubearbeitung des Buches vorzunehmen, damit es den heutigen sprachlichen Bedürfnissen entspricht. Um die sprachliche Aktualität und Authentizität zu gewährleisten, wurde das Buch von dem englischen Autor Terry Moston gründlich überprüft und überarbeitet. So enthält es jetzt geläufige Wendungen wie *to have an accent you could cut with a knife, to get a piece of the action, to be all things to all men* und *to be like a bear with a sore head*. Die vielen humorvollen Illustrationen dienen dazu, dem Benutzer einen Großteil der Redensarten plastisch vor Augen zu führen.

Der bewährte Aufbau des Buches wurde beibehalten: Die Redensarten sind alphabetisch nach englischen Stichwörtern geordnet (z. B. DAY). Im Stichwortartikel werden die einzelnen Redensarten dann in fetter Schrift (z. B. **to call it a day**) mit Übersetzung vorgestellt. Jeder Redensart ist ein Anwendungsbeispiel zugeordnet (z. B. *We've been waiting for ten hours. Let's call it a day and go home.*), das ebenfalls übersetzt wird. Hinweise auf die Sprachgebrauchsebene (z. B. *colloquial* oder *slang*) verhelfen zur richtigen Anwendung der Redensarten. Ein Register am Ende des Buches mit den deutschen Schlüsselwörtern erleichtert den schnellen Zugriff.

Abkürzungen:

Am.	=	amerikanisches Englisch
Br.	=	britisches Englisch
s.o.	=	someone
s.th.	=	something
od.	=	oder
etw.	=	etwas
j-d	=	jemand
j-m	=	jemandem
j-n	=	jemanden
j-s	=	jemandes
usw.	=	und so weiter
colloq.	=	umgangssprachlich
sl.	=	Slang

A

ABOUT – to be about to do s.th.
im Begriff sein, etw. zu tun, gerade etw. tun wollen:

He was about to go away for a holiday, but a car accident ruined his plans.
Er wollte gerade in Urlaub gehen, aber ein Autounfall machte seine Pläne zunichte.

– what (od. how) about …?
was ist mit …?, wie steht's mit …?, wie wär's mit …?:

Well, what about your red dress? Can't you wear that?
Was ist mit deinem roten Kleid? Kannst du das nicht anziehen?

How about a cup of tea?
Wie wär's mit einer Tasse Tee?

ACCENT – to have an accent you could cut with a knife
einen dicken Akzent haben:

Joan has a good French vocabulary but she has an accent you could cut with a knife.
Joan hat einen guten französischen Wortschatz, aber sie spricht mit einem dicken Akzent.

ACCOUNT – on account of
wegen:

They returned home on account of bad weather.
Wegen des schlechten Wetters fuhren sie wieder nach Hause.

– on no account (od. not on any account)
keineswegs, auf keinen Fall:

Don't on any account use this word.
Gebrauche auf keinen Fall dieses Wort!

ACT – to get one's act together *(sl.)*
sich besser organisieren:

Jim is very disorganized; he should get his act together.
Jim ist sehr chaotisch; er sollte sich besser organisieren.

ACTION – to get a piece of the action *(sl.)*
am Erfolg beteiligt sein:

Let me join the firm; I want a piece of the action.
Laßt mich der Firma beitreten; ich möchte am Erfolg beteiligt sein.

ACTUAL – in actual fact
tatsächlich, in Wirklichkeit:

She looks wealthy but in actual fact she hasn't got much money.
Sie sieht wohlhabend aus, aber in Wirklichkeit hat sie nicht sehr viel Geld.

ADRIFT – to come (od. go) **adrift** *(colloq.)*
1. verlorengehen, abhanden kommen:

Why do so many ashtrays go adrift at a party?
Warum gehen so viele Aschenbecher auf einer Fete verloren?

2. auseinanderfallen, abgehen:

I'm afraid the handle has come adrift off this machine.
Leider ist der Henkel von diesem Gerät abgegangen.

ADVANTAGE – to take advantage of s.o. (od. s.th.)
j-n übervorteilen, j-n (od. etw.) ausnutzen:

The taxi-driver took advantage of the foreigner's ignorance.
Der Taxifahrer nutzte die Unwissenheit des Fremden aus.

AFTER – after all
schließlich, am Ende, (also) doch:

After all, he is my friend.
Er ist schließlich mein Freund.

He was admitted to the university after all.
Am Ende wurde er doch zur Universität zugelassen.

– to be after s.o. (od. s.th.)
1. hinter j-m (od. etw.) her sein, j-n (od. etw.) suchen:

The police are after you!
Die Polizei ist hinter dir her!

2. etw. vorhaben, auf etw. aussein:

Why has he suddenly become so friendly? What is he after?
Warum ist er auf einmal so freundlich? Worauf ist er aus?

AGAIN – as much again
noch einmal soviel:

He offered as much again for the house.
Er bot doppelt soviel für das Haus.

– (there) again ... (either)
andererseits ... (auch nicht):

Again, British summers aren't always wet, either.
Andererseits ist der britische Sommer auch nicht immer verregnet.

AGES – for ages
seit Ewigkeiten:

I haven't seen Jim for ages.
Jim habe ich seit Ewigkeiten nicht mehr gesehen.

AID – to be in aid of *(colloq.)*
sollen, zu etw. dienen, zu etw. gut sein:

What's that clown's hat in aid of? You look silly.
Wozu dient der Clownshut? Du siehst albern aus.

He has given himself airs since he bought a big car.

AIR – to give oneself (od. **put on**) airs
vornehm tun:

He has given himself airs since he bought a big car.
Seit er einen großen Wagen gekauft hat, tut er vornehm.

ALIVE – alive and kicking
gesund und munter:

Yes, my old aunt is still alive and kicking, in spite of the terrible winter we've just had.
Ja, meine alte Tante ist immer noch gesund und munter, trotz des schrecklichen Winters, den wir gerade hinter uns haben.

ALL – after all's said and done
schließlich:

After all's said and done, it was no great tragedy to lose an umbrella.
Schließlich war es keine Tragödie, einen Regenschirm zu verlieren.

– all but
fast, beinah, so gut wie:

The work is all but finished.
Die Arbeit ist fast fertig.

– all the same
1. trotzdem:

He had a lot of money. All the same he wouldn't lend his friend any.
Er hatte viel Geld. Trotzdem lieh er seinem Freund nicht einen Pfennig.

2. gleich(gültig), egal:

Whether you agree or not, it's all the same to me.
Ob du einverstanden bist oder nicht, ist mir ganz egal.

– (it's) all yours
du kannst es haben, es steht dir zur Verfügung:

May we use this room, please? – There you are, it's all yours.
Können wir bitte diesen Raum benutzen? – Bitte, er steht ganz zu eurer Verfügung.

– (not) to be all there *(sl.)*
(geistig) ganz (od. nicht ganz) da sein, (nicht) auf Draht sein:

The old lady in the flat upstairs behaves very strangely. I don't think she can be quite all there.
Die alte Dame in der oberen Wohnung benimmt sich sehr seltsam. Ich glaube, sie ist nicht ganz richtig im Kopf.

– that's him (od. her usw.) all over!
das sieht ihm (od. ihr usw.) ähnlich!, das ist typisch für ihn (od. sie usw.)!:

He has lost his keys, that's him all over!
Er hat seine Schlüssel verloren, das ist typisch für ihn!

When their mother told a story, the children were all ears.

– to be all in
„fertig sein", „total erledigt sein":

When they had climbed the mountain, they were all in.
Als sie den Berggipfel erklommen hatten, waren sie vollkommen fertig.

– to be all legs (ears usw.**)**
fast nur aus Beinen bestehen (ganz Ohr sein):

The foal seemed to be all legs.
Das Fohlen schien nur aus Beinen zu bestehen.

When their mother told a story, the children were all ears.
Wenn ihre Mutter eine Geschichte erzählte, waren die Kinder ganz Ohr.

– to be all things to all men
es jedem recht machen, jedem gefallen wollen:

You never know what Jim thinks; he tries to be all things to all men.
Man weiß nie, was Jim denkt; er versucht, es jedem recht zu machen.

ALLOW – to allow for s.th.
etw. berücksichtigen, bedenken:

Allowing three hours for the journey, you will arrive home about 8 p.m.
Wenn man drei Stunden für die Fahrt rechnet, bist du abends ungefähr um 8 zu Hause.

ALLOWANCE – to make allowance(s) for s.th.
etw. berücksichtigen, bedenken, (j-m) etw. zugute halten:

You must make allowances for his lack of experience.
Sie müssen ihm seinen Mangel an Erfahrung zugute halten.

ALSO-RAN – to be an also-ran
unter „ferner liefen" rangieren:

He applied for the job of managing director, but there were many more experienced applicants so he was only an also-ran.
Er hat sich um den Posten des Direktors beworben, aber es waren viele erfahrenere Bewerber da, so daß er nur unter „ferner liefen" rangierte.

AMISS – to take s.th. amiss
etw. übelnehmen:

Don't take it amiss if I ask you this personal question.
Nehmen Sie es mir nicht übel, wenn ich Ihnen diese persönliche Frage stelle.

AMPLE – ample ...
üppig, reichlich:

I had ample money in the bank for it, so I could afford it.
Ich hatte reichlich Geld auf der Bank, deshalb konnte ich es mir leisten.

ANSWER – to answer for s.th.
einstehen für etw., sich für etw. verantworten:

I cannot answer for his innocence.
Ich kann nicht dafür einstehen, daß er unschuldig ist.

You will have to answer for what you have done.
Du wirst dich für das, was du getan hast, verantworten müssen.

ANYTHING – anything but
alles andere als:

He is anything but shy.
Er ist alles andere als schüchtern.

AROUND – to see s.o. around *(colloq.)*
j-n irgendwann, im Laufe der Zeit sehen:

I must go now. See you around!
Ich muß jetzt gehen. Wir sehen uns irgendwann.

AS – as it were
sozusagen, gewissermaßen:

The editorial, as it were, boxed the ears of the government.
Der Leitartikel erteilte der Regierung sozusagen eine Ohrfeige.

ASK – to ask for it (od. **for trouble**)
es ja so haben wollen, es selbst herausfordern:

He can't complain about the trouble he is in. He asked for it.
Er kann sich nicht über die Schwierigkeiten beklagen, die er hat.
Er hat sie ja selbst herausgefordert.

ASKANCE – to look askance at s.o. (od. **s.th.**)
j-n (od. etw.) schief, mißtrauisch ansehen:

His proposals were looked askance at by his colleagues.
Seine Vorschläge wurden von seinen Kollegen mißtrauisch aufgenommen.

ASKING – it's yours (od. **you may have it**) **for the asking**
ein Wort von dir genügt, und du bekommst es:

You'd like to have this picture? It's yours for the asking.
Hättest du gern dieses Bild? Du brauchst es nur zu sagen.

AT – to be at s.th. *(sl.)*
etw. anstellen:

What is Jim at?
Was stellt Jim jetzt wieder an?

AWAY – to have (it) away with s.th. *(sl.)*
stehlen:

The burglar had away with my stereo.
Der Einbrecher hat meine Stereoanlage mitgehen lassen.

AXE – to have an axe to grind
auf seinen Vorteil bedacht sein, eigennützige Zwecke verfolgen:

He joined that party only because he has an axe to grind.
Er ist dieser Partei nur beigetreten, weil er sein Privatinteresse verfolgen will.

B

BABY – to be left holding the baby
die Sache am Hals haben, die Verantwortung aufgehalst bekommen haben:

They had all promised to help me, but then one after the other dropped out and left me holding the baby.
Alle hatten versprochen, mir zu helfen, aber dann sprang einer nach dem anderen ab, und ich hatte die ganze Sache allein am Hals.

BACK – to back down (from)
seine Meinung aufgeben, von seiner Meinung abrücken:

He backed down from what he had said the day before.
Er rückte von dem ab, was er am Tag vorher gesagt hatte.

– to back off *(colloq.)*
(j-n) zufriedenlassen:

Don't criticise me all the time. Just back off.
Kritisieren Sie mich nicht ständig. Lassen Sie mich zufrieden!

– to back s.th. (od. **s.o.**) **up** (**on** od. **over s.th.**) *(colloq.)*
1. j-m etw. bestätigen:

I'll back up what Jim said. I know it's true.
Ich bestätige, was Jim sagte. Ich weiß, daß es wahr ist.

2. j-n unterstützen:

Can you back Jim up on this?
Können Sie Jims Aussage bestätigen?

– to be sorry (od. **pleased** usw.) **to see the back of s.o.** (od. **s.th.**)
1. unglücklich (od. froh usw.) sein, etw. loszuwerden:

Jim was sorry to see the back of that old car, but it really was too expensive to maintain.
Jim bedauerte, das alte Auto loszuwerden, aber der Unterhalt war wirklich zu teuer.

2. j-n „gern von hinten sehen":

Thank goodness she's leaving at last! I shall be glad to see the back of her.
Gott sei Dank geht sie endlich! Bin ich froh, wenn ich sie wieder los bin!

– to get off s.o.'s back *(sl.)*
j-n in Ruhe lassen:

You're always criticising me. Get off my back!
Sie kritisieren mich ständig. Lassen Sie mich endlich in Ruhe!

The questions put to him were so searching, he had his back to the wall.

– to have one's back to (od. against) the wall
in die Enge getrieben sein:

The questions put to him were so searching, he had his back to the wall.
Die Fragen, die man ihm stellte, waren so bohrend, daß er sich in die Enge getrieben fühlte.

– to put (od. get) s.o.'s back up *(colloq.)*
j-n „auf die Palme bringen":

The boss is rather irritable today. Be careful not to put his back up.
Der Chef ist heute ziemlich gereizt. Sieh dich vor, daß du ihn nicht auf die Palme bringst.

– to put one's back into s.th.
sich bei etw. ins Zeug legen, sich in etw. „hineinknien":

You will be able to finish your work in time if you put your back into it.
Du wirst deine Arbeit rechtzeitig fertig kriegen, wenn du dich nur richtig hineinkniest.

BAD – to be in a bad way
übel dransein:

He is in a bad way. He has lost an eye in an accident.
Er ist übel dran. Er hat bei einem Unfall ein Auge verloren.

BAG – bag and baggage
mit Sack und Pack:

He was turned out of the house, bag and baggage.
Er wurde mit Sack und Pack aus dem Haus gejagt.

   – bags of ... *(colloq.)*
„massig" ..., ... wie Heu:

You have bags of time.
Du hast massig Zeit.

   – the whole bag of tricks
die ganze Trickkiste:

We'll need the whole bag of tricks to repair your car.
Wir müssen tief in die Trickkiste greifen, um dein Auto zu reparieren.

   – to have s.th. in the bag
etw. (sicher) in der Tasche haben:

He's got the job in the bag.
Er hat die Stelle so gut wie sicher.

BALL – to be on the ball
„auf Draht" sein:

She's successful, because in business matters she's always on the ball.

Sie hat Erfolg, weil sie in geschäftlichen Angelegenheiten immer auf Draht ist.

BANG – to go off (Am. over) with a bang
großartig klappen, „hinhauen":

Her first performance went off with a bang.
Ihr erster Auftritt hat prima hingehauen.

BARGAIN – into the bargain
obendrein, noch dazu:

I tried to do it but failed, and lost money into the bargain.
Ich habe es versucht, aber vergeblich, und obendrein habe ich noch Geld verloren.

– to bargain for s.th.
mit etw. rechnen, auf etw. gefaßt sein:

His refusal was more than we had bargained for.
Auf seine Weigerung waren wir nicht gefaßt.

– to be a bargain!
1. abgemacht!:

You can have this bicycle for £10. – All right, it's a bargain!
Für 10 Pfund können Sie dieses Fahrrad haben. – Gut, abgemacht!

2. ein Schnäppchen sein:

What, you only paid £10 for the bike! That was a bargain.
Was, du hast nur zehn Pfund für das Fahrrad bezahlt! Das war aber ein Schnäppchen.

– to drive a hard bargain
hart im Verhandeln sein:

Harry drove a hard bargain. I had to pay more than I wanted to for it.
Harry war hart im Verhandeln. Ich mußte mehr dafür bezahlen, als ich wollte.

BARGE – to barge in (od. **into s.th.**) *(sl.)*
sich hineindrängen, „dazwischenfunken":

I'm sorry to barge into your conversation but I must talk to you.
Es tut mir leid, daß ich dazwischenfunken muß, aber ich muß mit euch reden.

BARK – his (od. **her** usw.) **bark is worse than his** (od. **her** usw.) **bite**
Hunde, die bellen, beißen nicht:

Don't be afraid of him, his bark is worse than his bite.
Hab keine Angst vor ihm; Hunde, die bellen, beißen nicht.

– to bark up the wrong tree
auf dem Holzweg sein:

If you think it is Harry's fault, you're barking up the wrong tree.
Wenn du denkst, daß Harry daran schuld ist, bist du auf dem Holzweg.

BAT – not to bat an eyelid
nicht mit der Wimper zucken:

He heard the bad news without batting an eyelid.
Er nahm die schlechte Nachricht auf, ohne mit der Wimper zu zucken.

– off one's own bat
eigenständig, auf eigene Initiative:

If you need somewhere else to live, you must find a flat off your own bat.
Wenn du woanders leben willst, mußt du dir auf eigene Initiative eine Wohnung suchen.

BATTLE – to fight one's own battles
sich wehren, sich selbst verteidigen, sich durchsetzen:

Don't expect me to help you in your quarrels. You must learn to fight your own battles.
Erwarte nicht, daß ich dir bei deinen Streitigkeiten helfe. Du mußt lernen, dich durchzusetzen.

BEAN – to be full of beans
voll Schwung und Energie, voller Tatendrang sein:

Though he has worked from morning till night he is still full of beans.
Obwohl er von morgens bis abends gearbeitet hat, ist er immer noch voll Schwung und Energie.

– to spill the beans
alles ausplaudern (od. verraten):

Don't ever let him into a secret, because he always spills the beans.
Vertraue ihm niemals ein Geheimnis an, denn er plaudert immer alles aus.

BEAR – to be like a bear with a sore head
schlecht gelaunt (od. drauf) sein:

What is the matter with Jim this morning? He's like a bear with a sore head.
Was ist heute morgen mit Jim los? Er ist schlecht drauf.

– not to bear s.th. (od. s.o.)
etw. (oder j-n) nicht ausstehen, aushalten:

I can't bear fish.
Ich kann Fisch nicht ausstehen.

– to bear up against (od. under) s.th.
sich gegen etw. behaupten, etw. (tapfer) ertragen:

She bore up well against the death of her husband.
Sie ertrug den Tod ihres Mannes mit Fassung.

We all have our cross to bear.

– to have a cross to bear
eine Last, ein Kreuz zu tragen haben:

You've got no money. I've got no job. We all have our cross to bear.
Du hast kein Geld. Ich habe keine Arbeit. Jeder hat sein Kreuz zu tragen.

BEAT – to beat s.o. (od. the price) down
j-n (od. den Preis) herunterhandeln:

He wanted £15 for the table, but I beat him down to £12.
Fünfzehn Pfund wollte er für den Tisch haben, aber ich habe ihn auf 12 Pfund heruntergehandelt.

BECK – to be at s.o.'s beck and call
j-m aufs Wort gehorchen, nach j-s Pfeife tanzen:

Her children are always at her beck and call.
Ihre Kinder gehorchen ihr aufs Wort.

BED – to get out of bed on the wrong side
mit dem linken Fuß zuerst aufstehen:

He is in a bad mood today; he must have got out of bed on the wrong side.
Er ist heute schlecht gelaunt; er ist wohl mit dem linken Fuß zuerst aufgestanden.

BEE – to have a bee in one's bonnet (about s.th.)
(in bestimmter Hinsicht) einen Tick (od. Spleen) haben, verschroben sein:

She is undoubtedly a brilliant scientist, but she has a bee in her bonnet about keeping fit.
Sie ist zweifellos eine hochbegabte Wissenschaftlerin, aber sie hat einen ausgesprochenen Fitneßtick.

BELL – saved by the bell
rechtzeitig (od. in letzter Sekunde) gerettet:

Harry felt he ought to take part, too, but he was saved by the bell when the organisers announced that they already had enough participants.

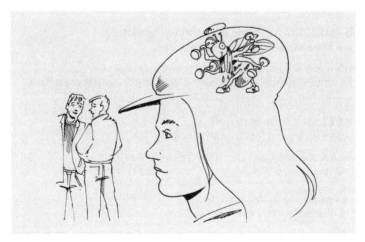

She has a bee in her bonnet about keeping fit.

Harry hatte das Gefühl, daß er eigentlich auch mitmachen sollte, kam aber noch einmal davon, als die Veranstalter verkündeten, daß sie genug Teilnehmer hätten.

– to give s.o. a bell *(sl.)*
j-n anrufen:

Give me a bell tomorrow and we can talk about it then.
Ruf mich morgen an, und wir reden darüber.

BENEFIT – to give s.o. the benefit of the doubt
im Zweifelsfall zu j-s Gunsten entscheiden:

I'll give you the benefit of the doubt, but the whole thing looks very suspicious.
Ich werde im Zweifelsfall zu Ihren Gunsten entscheiden, aber die ganze Sache sieht sehr verdächtig aus.

BERTH – to give s.o. a wide berth
einen großen Bogen um j-n machen, j-m aus dem Weg gehen:

I did not like the look of him and gave him a wide berth.
Sein Aussehen gefiel mir nicht, und ich ging ihm aus dem Weg.

BESIDE – to be beside the point (od. **question**)
am Thema (od. der Frage) vorbeigehen:

What you say is quite right, but it is beside the point.
Es ist zwar richtig, was Sie sagen, aber es geht am Thema vorbei.

BETTER – to be better off
besser daran sein, bessergestellt sein:

With her new job she is better off than ever before.
Mit ihrer neuen Stellung ist sie besser daran als je zuvor.

– to go one better than s.o.
j-n übertreffen, es j-m zuvortun, besser sein als j-d:

Mr. Brown is a schoolmaster, but his younger brother wants to go one better and become a professor.

Mr. Brown ist Lehrer, aber sein jüngerer Bruder will ihn noch übertreffen und Universitätsprofessor werden.

– to think better of it
sich eines Besseren besinnen, es sich anders überlegen:

I was going to spend all my money on a new car, but then I thought better of it.
Ich war drauf und dran, mein ganzes Geld für ein neues Auto auszugeben, aber dann habe ich es mir anders überlegt.

BIG – to be (od. get, grow) too big for one's boots
größenwahnsinnig sein, werden:

After his first great success he grew too big for his boots.
Nach seinem ersten großen Erfolg schnappte er über.

BIRD – a bird in the hand (is worth two in the bush)
der Spatz in der Hand ist besser als die Taube auf dem Dach; was man hat, das hat man:

You should accept her offer. A bird in the hand, you know ...
Du solltest ihr Angebot annehmen. Was man hat, das hat man.

A bird in the hand is worth two in the bush.

Don't risk making another bet. Keep what you've won – it's a bird in the hand.
Riskier jetzt keine weitere Wette mehr. Behalte deinen Gewinn – was man hat, das hat man.

– birds of a feather (flock together)
gleich und gleich gesellt sich gern:

You know his friends? – Oh yes, they're all birds of a feather.
Du kennst seine Freunde? – O ja, gleich und gleich gesellt sich gern.

BITE – to bite off more than one can chew
sich zuviel zumuten, sich zuviel „aufladen":

He thought he could do it all on his own but after a while he had to realize that he had bitten off more than he could chew.
Er glaubte, daß er alles allein schaffen könnte, aber nach einiger Zeit mußte er einsehen, daß er sich zuviel zugemutet hatte.

– to bite s.o.'s head off *(sl.)*
j-n „anfahren", j-m den Kopf abreißen:

All right, don't bite my head off. I merely asked if you were wearing a wig.
Schon gut, schreien Sie mich nicht an. Ich habe lediglich gefragt, ob Sie eine Perücke tragen.

Don't worry. It's only an interview. They won't bite your head off.
Keine Angst. Es ist nur ein Interview. Sie werden dir schon nicht den Kopf abreißen.

BLACK – in black and white
schwarz auf weiß, gedruckt:

I won't be satisfied with your promise until I have it in black and white.
Ich werde mich nicht eher mit Ihrem Versprechen zufriedengeben, bis ich es schwarz auf weiß habe.

BLANKET – to be a wet blanket
ein Spielverderber sein, ein Miesmacher sein:

Don't worry. It's only an interview. They won't bite your head off.

They won't invite him to their party. He's always a wet blanket.
Sie laden ihn nicht zu ihrer Party ein. Er ist immer so ein Spielverderber.

BLAST – at full blast *(colloq.)*
auf Hochtouren, mit aller Kraft:

The production of cars is running at full blast.
Die Autoproduktion läuft auf vollen Touren.

BLIND – to have a blind spot
etw. einfach nicht wahrhaben wollen:

She has a blind spot where her son's shortcomings are concerned.
Die Fehler ihres Sohnes will sie einfach nicht wahrhaben.

– to turn a blind eye (to s.th.)
etw. bewußt ignorieren, etw. durchgehen lassen, ein Auge zudrücken:

The nice young policeman turned a blind eye to the minor offence and let the man drive on.
Der nette junge Polizist ließ den geringfügigen Verstoß durchgehen und ließ den Mann weiterfahren.

BLOW – to blow s.o. up *(sl.)*
j-n anschnauzen, j-n herunterputzen:

He blew him up for nothing.
Er putzte ihn grundlos herunter.

– to blow s.th. *(sl.)*
etw. kaputtmachen, verkorksen:

He's really blown it now. He'll never get another chance.
Er hat die Sache jetzt aber wirklich verkorkst. Eine zweite Chance bekommt er nie.

BLOWER – to get s.o. on the blower *(sl.)*
j-n anrufen:

Can you get Jim on the blower straightaway? I must know the figures now.
Kannst du Jim sofort anrufen? Ich muß die Zahlen jetzt wissen.

BLUE – once in a blue moon
alle Jubeljahre (einmal), höchst selten, ausnahmsweise:

She writes a postcard once in a blue moon.
Alle Jubeljahre schreibt sie mal eine Postkarte.

BLUNDER – to blunder into s.th.
trampeln:

David blundered into the shop and knocked over a valuable vase.
David platzte in das Geschäft hinein und warf eine kostbare Vase um.

– to make (od. **commit**) **a blunder**
ins Fettnäpfchen treten, sich einen Fehltritt leisten:

It seems I committed an awful blunder by asking if she was married. Her husband had died the day before, you see.
Anscheinend bin ich voll ins Fettnäpfchen getreten, als ich sie fragte, ob sie verheiratet sei. Wissen Sie, ihr Mann war am Vortag gestorben.

BOAT – to be in the same boat
in einem Boot sitzen, in derselben (mißlichen) Lage sein:

I can't help you – we're all in the same boat.
Ich kann dir nicht helfen – wir sitzen alle in einem Boot.

– to push the boat out
gebührend feiern, keine Kosten scheuen, sich voll einsetzen:

His family really pushed the boat out when he graduated. They organised a party with two hundred people.

I can't help you – we're all in the same boat.

Seine Familie hat keine Kosten gescheut, als er seinen Uni-Abschluß bekam. Sie organisierte eine Fete mit zweihundert Leuten.

– to rock the boat
Unruhe stiften, Wellen schlagen:

Please, there are plenty of firms that would like to see us fail. Don't rock the boat by asking for higher wages at this stage.
Ich bitte Sie, es gibt etliche Firmen, die es gerne sehen würden, wenn wir scheitern würden. Stiften Sie keine Unruhe, indem Sie in diesem Stadium höhere Löhne fordern.

BOLD – as bold as brass
frech wie Oskar, unverschämt:

We thought he would be ashamed, but he was as bold as brass.
Wir glaubten, er würde sich schämen, aber er war frech wie Oskar.

BOLT – like a bolt from the blue
wie ein Blitz aus heiterem Himmel:

The news of her son's accident came to her like a bolt from the blue.
Die Nachricht vom Unfall ihres Sohnes traf sie wie ein Blitz aus heiterem Himmel.

BONE – to feel s.th. in one's bones
etw. spüren, etw. ahnen, etw. im Gefühl haben:

Your performance will be a great success, I feel it in my bones.
Dein Auftritt wird ein großer Erfolg werden, das habe ich im Gefühl.

– to have a bone to pick with s.o.
mit j-m ein Hühnchen zu rupfen haben:

Don't try to slip off. I still have a bone to pick with you.
Versuch nicht, dich heimlich davonzumachen. Ich habe noch ein Hühnchen mit dir zu rupfen.

– to make no bones about s.th.
1. nicht lange mit etw. fackeln:

Harry makes no bones about diving into the water. He just runs to the edge and jumps in.
Harry fackelt nicht lange, ins Wasser zu springen. Er läuft einfach zum Rand und springt hinein.

2. kein Hehl aus etw. machen:

Grandad made no bones about his past. He told us the whole story.
Opa machte aus seiner Vergangenheit kein Hehl. Er erzählte uns die ganze Geschichte.

BOOK – to be in s.o.'s good (od. **bad**) **books**
bei j-m gut (od. schlecht) angeschrieben sein:

Fortunately I am in her good books and she will forgive me.
Zum Glück bin ich bei ihr gut angeschrieben, und sie wird mir verzeihen.

– What a turn-up for the book!
Was für eine Überraschung!:

What a turn-up for the book! I thought you were in Africa.
Was für eine Überraschung! Ich dachte, du wärst in Afrika.

BORN – not to be born yesterday
nicht von gestern sein:

You can't tell him a thing like that. He wasn't born yesterday.
So etwas kannst du ihm nicht erzählen. Er ist doch nicht von gestern!

BOTHERED – s.o. cannot be bothered with s.th. (od. **s.o.**)
sich um etw., um j-n (nicht) scheren, keine Lust zu etw. haben:

Sally can't be bothered with cooking. She buys frozen meals at the supermarket.
Sally schert sich nicht ums Kochen. Sie kauft tiefgefrorene Mahlzeiten im Supermarkt.

BOTTLE – to bottle out (of s.th.) *(sl.)*
sich drücken:

Jim was going to do a bungee jump but he bottled out at the last moment.
Jim wollte einen Bungeesprung machen, aber im letzten Moment drückte er sich davor.

BOUNCE – to bounce *(sl.)*
ungültig (od. nicht gedeckt) sein:

The man paid Jim for the car but his cheque bounced.
Der Mann bezahlte Jim das Auto, aber sein Scheck war nicht gedeckt.

BOUND – to be bound to ...
mit Sicherheit, zwangsläufig:

Don't buy a cheap computer. It's bound to go wrong.
Kaufen Sie sich keinen billigen Computer. Er wird mit Sicherheit kaputtgehen.

BOX – on the box *(sl.)*
im Fernsehen:

I saw my uncle on the box yesterday.
Ich sah meinen Onkel gestern im Fernsehen.

BRACE – to brace o.s.
sich auf etw. gefaßt machen, sich wappnen:

Guess who is coming to dinner? Brace yourself – your long-lost brother.
Rate mal, wer zum Essen kommt! Halt dich fest – dein langvermißter Bruder.

BRASS – to get down to brass tacks
zur Sache kommen:

After a long discussion they finally got down to brass tacks.
Nach langer Diskussion kamen sie endlich zur Sache.

BREATH – to save one's breath
sich seine Worte sparen:

Save your breath. Nobody will believe you.
Spare dir deine Worte. Es glaubt dir doch keiner.

BRING – to bring s.th. up
etw. erwähnen, zur Sprache bringen:

Listen, I didn't want to bring this up but aren't you already married?
Hör zu, ich wollte das eigentlich nicht zur Sprache bringen, aber bist du nicht schon verheiratet?

BROAD – as broad as it is long
gehupft wie gesprungen, Jacke wie Hose:

Whether you eat butter or margarine is as broad as it is long, since they are both more or less equally rich in calories.
Ob Sie Butter oder Margarine essen, ist gehupft wie gesprungen, da beide ungefähr gleich viel Kalorien haben.

BROKE – to be broke *(sl.)*
pleite sein:

I can't lend you any money. I'm broke myself.
Ich kann dir kein Geld leihen. Ich bin selbst pleite.

BRUSH – to brush up s.th.
etw. auffrischen, etw. „aufpolieren":

Brush up your English.
Frische deine Englischkenntnisse auf!

BUCKET – to kick the bucket *(sl.)*
„abkratzen", „ins Gras beißen", sterben:

What about Smith? – Oh, he kicked the bucket long ago.
Was ist mit Smith? – Oh, der hat schon lange ins Gras gebissen.

BUCKLE – to buckle down to s.th.
sich dahinterklemmen, sich ranhalten, um etw. zu schaffen:

The sooner we buckle down to work, the earlier we can finish tonight.
Je eher wir uns ernsthaft an die Arbeit machen, desto früher können wir heute abend Schluß machen.

BUM – to bum s.th. (off s.o.) *(sl.)*
„schnorren", erbetteln, „pumpen":

Sally makes herself very unpopular by bumming cigarettes off everybody.
Sally macht sich sehr unbeliebt, weil sie von allen Zigaretten schnorrt.

BURN – to burn the candle at both ends
Raubbau an seiner Gesundheit treiben, sich übernehmen:

Working as much as you do means burning the candle at both ends.
So viel zu arbeiten, wie du es tust, bedeutet Raubbau an seiner Gesundheit treiben.

BUSH – to beat about the bush
wie die Katze um den heißen Brei herumschleichen, um die Sache herumreden:

Don't beat about the bush. Tell me plainly what you mean.
Rede nicht um die Sache herum! Sag mir offen, was du meinst.

BUTCHER'S – to take (od. **have**) **a butcher's (at s.o.** od. **s.th.)** *(sl.)*
(etw.) angucken, anschauen:

Just take a butcher's at Jim's new car! Have you ever seen a car like it?
Guck' dir bloß Jims neues Auto an! Hast du so ein Auto schon mal gesehen?

BUTT – to butt into a conversation *(sl.)*
sich in ein Gespräch hineindrängen, einmischen:

What a rude person. I was talking to Sally and he just butted in.
Was für eine unhöfliche Person. Ich unterhielt mich mit Sally, und er hat sich einfach eingemischt.

BY – by and by
bald, demnächst, nach und nach:

By and by he will come to see his mistake.
Mit der Zeit wird er seinen Fehler einsehen.

– by and large
im großen und ganzen, alles in allem:

By and large, times are getting worse.
Die Zeiten werden, alles in allem, schlechter.

– by the by(e), by the way
übrigens, nebenbei bemerkt:

By the way, did I ever tell you of my visit to London?
Übrigens, habe ich Ihnen eigentlich schon von meinem Besuch in London erzählt?

C

CAKE – a piece of cake
babyleicht, ein Kinderspiel (od. Klacks):

The maths exam was a piece of cake. I think I got full marks.
Die Mathearbeit war babyleicht. Ich glaube, ich habe null Fehler.

CALL – to call s.o. names
j-n beleidigen, j-n (be)schimpfen:

Did you hear the names she called you?
Haben Sie gehört, wie sie Sie beschimpft hat?

– to call s.th. off *(colloq.)*
etw. „abblasen", etw. absagen, etw. rückgängig machen, etw. beenden:

The garden party was called off because it looked like rain.
Das Gartenfest wurde abgesagt, weil es nach Regen aussah.

CAP – cap in hand
demütig, unterwürfig, kleinlaut:

Cap in hand, he asked his boss for a day off.
Unterwürfig bat er seinen Chef um einen freien Tag.

CARD – to mark s.o.'s card *(sl.)*
j-m etw. erklären, j-n warnen:

Let me mark your card for you about Jim. He can't be trusted.
Laß mich dir erklären, wie Jim ist. Man kann ihm nicht trauen.

Cap in hand, he asked his boss for a day off.

– to play one's cards well (od. **right**)
geschickt vorgehen, seine Karten geschickt ausspielen:

If you play your cards right, you will be able to sell the car at a good price.
Wenn du geschickt vorgehst, wirst du den Wagen zu einem guten Preis verkaufen können.

CARE – I couldn't care less *(colloq.)*
es ist mir völlig gleichgültig, es ist mir vollkommen „schnuppe":

She will be disappointed if you don't write to her. – I couldn't care less.
Sie wird enttäuscht sein, wenn du ihr nicht schreibst. – Das ist mir völlig gleichgültig.

CARRY – to be carried away *(colloq.)*
hingerissen sein, sich hinreißen lassen, die Beherrschung verlieren:

I'm sorry, I shouldn't have done that. I was carried away.
Entschuldige, ich hätte das nicht tun sollen. Ich habe mich hinreißen lassen.

– to carry on *(colloq.)*
1. sich „danebenbenehmen", es wild treiben:

Come and see for yourself how the children are carrying on.
Komm und sieh dir doch selbst an, wie unmöglich sich die Kinder benehmen!

2. (ein) „Theater" machen, eine Szene machen:

I know, you are upset, but don't carry on like that.
Ich weiß, du bist erregt, aber mach nicht so ein Theater.

3. „etwas" mit j-m haben, ein (Liebes)Verhältnis mit j-m haben:

His wife is carrying on with their neighbour.
Seine Frau hat etwas mit ihrem Nachbarn.

– to carry weight
Gewicht haben, viel gelten:

It won't be too difficult for him. He carries weight with the director.
Das wird nicht allzu schwierig für ihn sein. Er hat einigen Einfluß auf den Direktor.

CART – to put the cart before the horse
das Pferd vom Schwanz her aufzäumen, etw. verkehrt anfangen:

You won't succeed if you put the cart before the horse.
Es wird dir nicht gelingen, wenn du das Pferd vom Schwanz her aufzäumst.

CASH – to cash in on s.th. *(colloq.)*
von etw. profitieren, aus etw. Kapital schlagen:

They were not slow to cash in on the shortage of oil.
Sie waren schnell dabei, aus der Ölknappheit Kapital zu schlagen.

to put the cart before the horse

CAT – to let the cat out of the bag
die Katze aus dem Sack lassen, etw. preisgeben:

Mary didn't know anything about the surprise party until Harry let the cat out of the bag.
Mary wußte von der Überraschungsfete nichts, bis Harry die Katze aus dem Sack ließ.

CATCH – catch me (doing that)! *(colloq.)*
(das) fällt mir nicht im Traum ein!, „denkste!":

And you think I'm going to pay for it? Catch me!
Ich soll das bezahlen? Denkste!

– to catch on (to s.th.) *(colloq.)*
1. kapieren, verstehen, begreifen:

I dropped her a broad hint, but she didn't catch on.
Ich gab ihr einen Wink mit dem Zaunpfahl, aber sie kapierte nicht.

2. „einschlagen", „ankommen", Anklang finden:

The new style in cars seems to have caught on with young people.
Die neuen Automodelle scheinen bei jungen Menschen Anklang zu finden.

– to catch s.o. out (od. **with his trousers down**)
j-n auf frischer Tat ertappen:

Jim doesn't work here any more. He was caught out helping himself to the petty cash.
Jim arbeitet hier nicht mehr. Er wurde ertappt, als er sich an der Portokasse bediente.

– to catch s.o. up, to catch (up with) s.o. (later) *(colloq.)*
1. j-n einholen:

You go on now! I'll catch you up later.
Gehen Sie nur voraus! Ich hole Sie dann schon ein.

2. j-n später treffen:

Catch you later, Jim!
Bis nachher, Jim!

CHANCE – (the) chance would be a fine thing
(man möchte es gerne, aber es ist) unmöglich, unwahrscheinlich:

Hi John, have you started work at that firm where you had such a good interview? – Chance would be a fine thing. They wrote to me a week later and turned me down!
He John, hast du schon angefangen bei der Firma, wo du so ein gutes Vorstellungsgespräch hattest? – Schön wär's. Eine Woche später schickten sie mir einen Ablehnungsbescheid.

CHANGE – to change one's mind
sich etw. anders überlegen:

Waiter, I've changed my mind. Can I have the chicken instead, please?
Herr Ober, ich habe es mir anders überlegt. Kann ich bitte lieber das Hähnchen haben?

CHAT – to (have a) chat *(colloq.)*
reden, plaudern, ein Pläuschchen halten:

Sorry I'm late. I stopped to have a chat with Sally on the way.
Tut mir leid, daß ich zu spät komme. Ich habe unterwegs ein bißchen mit Sally geplaudert.

Don't chat, children. Listen to me.
Hört auf zu reden, Kinder. Hört mir zu.

CHEEK – what a cheek
(welch eine) Frechheit:

And then she asked me for £5 to pay for the bag. What a cheek!
Und dann verlangte sie fünf Pfund, um die Tasche zu bezahlen. Welch eine Frechheit!

CHICKEN – to chicken out (of s.th.) *(sl.)*
kneifen, sich (vor etw.) drücken:

Jim chickened out of the deal. He was afraid of the investment needed.
Jim hat sich vor dem Geschäft gedrückt. Er hatte Angst vor den erforderlichen Investitionen.

Just like his father! A chip off the old block!

– don't count your chickens before they are hatched
man soll den Tag nicht vor dem Abend loben:

You seem to have made a good start, yes, but don't count your chickens before they are hatched.
Du scheinst einen guten Anfang gemacht zu haben, doch man soll den Tag nicht vor dem Abend loben.

CHIP – to be a chip off the old block
ganz der Vater sein:

Just like his father! A chip off the old block!
Ganz der Vater! Wie aus dem Gesicht geschnitten!

– to carry (od. **have** od. **be left with**) **a chip on one's shoulder**
„geladen", reizbar, aggressiv sein:

The experience of injustice has left him with a chip on his shoulder.
Die Ungerechtigkeit, die er erfahren hat, hat ihn verbittert.

CHIPS – to have had one's chips *(sl.)*
fertig, erledigt sein, „tot" sein:

You failed the exam in spite of my warning. You've had your chips at this college. You'll have to leave us.
Sie sind trotz meiner Warnung bei der Prüfung durchgefallen. An dieser Hochschule sind Sie erledigt. Sie müssen uns verlassen.

CHOP – to get the chop *(sl.)*
entlassen werden:

The shipyard is closing down. Five hundred employees are going to get the chop.
Die Werft macht zu. Fünfhundert Beschäftigte werden entlassen.

CLEAN – to come clean *(colloq.)*
alles eingestehen, auspacken:

Faced with the overwhelming evidence he no longer refused to come clean.
Angesichts des erdrückenden Beweismaterials weigerte er sich nicht mehr, alles einzugestehen.

CLEAR – to be in the clear *(colloq.)*
aus der Sache heraus sein, vom Verdacht befreit sein:

He insisted on a confrontation with the man who had accused him of theft. As a result, he's in the clear now.
Er bestand auf einer Gegenüberstellung mit dem Mann, der ihn des Diebstahls beschuldigt hatte. Dadurch ist er jetzt aus der Sache heraus.

  – to clear off (od. **out**) *(sl.)*
„abhauen", „sich verziehen", „verduften":

What are you doing in my room? Clear off!
Was machst du in meinem Zimmer? Hau ab!

CLUE – not to have a clue (about s.th.) *(colloq.)*
keine Ahnung (von etw.) haben:

I'm sorry, I can't help you. I haven't a clue about repairing cars.
Tut mir leid, ich kann dir nicht helfen. Ich habe keine Ahnung, wie man Autos repariert.

COAST – the coast is clear *(colloq.)*
die Luft ist rein:

As soon as the coast was clear he left his hiding-place.
Sobald die Luft rein war, verließ er sein Versteck.

COLOUR – to be (od. **feel, look**) off colour *(colloq.)*
unpäßlich sein, sich nicht wohl fühlen, nicht gesund aussehen:

I'm feeling off colour today.
Ich fühle mich heute nicht wohl.

COME – come off it *(sl.)*
Hör schon auf damit!, gib nicht so an!:

Come off it! What do you know about football?
Nun hör bloß auf damit! Was verstehst du schon von Fußball?

– s.th. comes eas(il)y od. **natural(ly)** to s.o.
j-m fällt etw. leicht:

Learning languages comes easy to him.
Es fällt ihm leicht, Sprachen zu lernen.

– to come to blows
handgreiflich werden, sich schlagen:

They began to argue and soon came to blows.
Sie fingen an zu streiten und wurden bald handgreiflich.

COMPANY – to part company
sich trennen:

I've enjoyed the project but now we must part company. I hope we can work together again in the future.
Mir hat das Projekt Spaß gemacht, aber wir müssen uns jetzt trennen. Hoffentlich können wir in der Zukunft noch einmal zusammenarbeiten.

COOL – to let s.o. cool his (od. **her** usw.) **heels** *(colloq.)*
j-n ungebührlich lange warten lassen:

The manager let him cool his heels in the outer office.
Der Direktor ließ ihn lange im Vorzimmer warten.

COPE – to cope with s.th. (od. **s.o.**)
fertig werden mit etw. (od. j-m):

Not many people can cope with such a large dog in such a small flat.
Nicht viele Menschen können mit so einem großen Hund in so einer kleinen Wohnung fertig werden.

COST – to know to one's cost
aus eigener Erfahrung wissen, am eigenen Leib erfahren haben:

He's not a man to be trusted, as I know to my cost.
Er ist kein Mann, dem man trauen kann, wie ich aus eigener Erfahrung weiß.

COUNT – count me out! *(colloq.)*
ohne mich!, da mache ich nicht mit!:

You are going to play a trick on him? Count me out!
Ihr wollt ihn hereinlegen? Ohne mich!

COVENTRY – to send s.o. to Coventry
j-n links liegenlassen, j-n „schneiden", mit j-m nicht mehr verkehren:

They thought the only way to make him see reason was by sending him to Coventry.
Sie sahen die einzige Möglichkeit, ihn zur Vernunft zu bringen, darin, ihn links liegenzulassen.

CRACK – to crack jokes
Witze reißen:

You won't solve the problem by cracking jokes.
Du wirst das Problem nicht lösen, indem du Witze reißt.

– to get cracking *(sl.)*
loslegen, Tempo vorlegen:

Stop arguing the point. Get cracking.
Hör auf mit dem Gerede – leg endlich los!

– to have (od. **take**) **a crack** (od. **bash**) **at s.th.** *(sl.)*
es (einmal) mit etw. versuchen, sich an etw. (Schwieriges) heranmachen:

She wants to have a crack at founding a firm of her own.
Sie will es mal mit der Gründung einer eigenen Firma versuchen.

CREEK – to be up the creek (without a paddle)
in der Klemme, in Schwierigkeiten sein:

So there we were in a hall with 500 people waiting for the performance to start and the singer hadn't arrived. We were completely up the creek.
Da waren wir also in einem Saal mit fünfhundert Leuten, die auf die Vorstellung warteten, und der Sänger war nicht da. Wir saßen voll in der Klemme.

CREEPS – to give s.o. the creeps
j-n schaudern lassen, j-m eine Gänsehaut verursachen:

His report of the accident gave me the creeps.
Als er über den Unfall berichtete, überlief es mich eiskalt.

CROSS – to cross s.o.'s mind
j-m einfallen, j-m in den Sinn kommen:

It never crossed his mind that he ought to support his old parents.
Es ist ihm niemals in den Sinn gekommen, seine alten Eltern zu unterstützen.

It crossed my mind that you might like to come to the meeting as it's about your special field of interest.
Es fiel mir ein, daß Sie vielleicht auch zum Treffen kommen möchten, da es um Ihr Spezialgebiet geht.

– to cross s.o.'s path
j-m über den Weg laufen, j-m begegnen:

I hadn't seen him for years when he suddenly crossed my path.
Jahrelang hatte ich ihn nicht gesehen, da lief er mir plötzlich über den Weg.

CRUSH – to have a crush on s.o. *(sl.)*
in j-n verknallt sein, in j-n verliebt sein:

Everybody can see that he has a crush on her.
Das sieht doch jeder, daß er in sie verknallt ist.

CRY – it's no use crying over spilt milk
geschehen ist geschehen:

Well, it's no use crying over spilt milk. We'll have to think of what's to be done now.
Na schön, was geschehen ist, ist geschehen. Wir werden überlegen müssen, was jetzt zu tun ist.

CUFF – off the cuff
aus dem Handgelenk, aus dem Stegreif:

She answered all their questions off the cuff.
Sie schüttelte die Antworten auf alle ihre Fragen aus dem Ärmel.

CUP – (not) to be s.o.'s cup of tea
ganz (od. nicht) nach j-s Geschmack sein, ganz (od. nicht) j-s Fall sein:

I like to go to the theatre, but that play we saw yesterday wasn't my cup of tea.
Ich gehe gern ins Theater, aber das Stück, das wir gestern gesehen haben, war nicht mein Fall.

CUT – cut and dried
vorgefertigt, schablonenhaft:

He had some cut and dried opinions, but nothing original to say.
Er äußerte ein paar schablonenhafte Ansichten, aber nichts Eigenes.

– (not) to be cut out for s.th.
(nicht od.) wie geschaffen sein für etw., für etw. (nicht od.) bestens geeignet sein:

She's thoroughly cut out for the job because of her great experience in this field.
Sie ist wegen ihrer großen Erfahrung auf dem Gebiet wie geschaffen für die Aufgabe.

Mike isn't cut out for business. He's too nice.
Mike eignet sich nicht für das Geschäftsleben. Er ist zu nett.

– to cut both ways
für beide Seiten gleichermaßen gelten:

You are quite right, but your argument cuts both ways. If you want to be helped you will have to help others, too.
Du hast zwar recht, aber was du sagst, gilt für beide Seiten: Wenn du willst, daß man dir hilft, mußt du auch anderen helfen.

– to cut down on s.th.
etw. einschränken:

She has cut down on smoking.
Sie hat das Rauchen eingeschränkt.

– to cut it (rather) fine
es gerade noch schaffen, nur noch wenig Zeit haben:

You've only got five minutes to catch the bus. You're cutting it rather fine.
Du hast nur noch fünf Minuten, um den Bus zu kriegen. Du bist knapp dran.

– to cut no (od. **not much**) **ice with s.o.**
bei j-m keinen (od. nicht viel) Eindruck machen, bei j-m nicht „ziehen":

I'm afraid your arguments will cut no ice with her.
Ich fürchte, deine Argumente werden keinen Eindruck auf sie machen.

– to cut one's coat according to one's cloth
sich nach der Decke strecken:

I can't afford a new car every two years. I have to cut my coat according to my cloth.
Ich kann mir nicht alle zwei Jahre einen neuen Wagen leisten. Ich muß mich nach der Decke strecken.

D

DAMAGE – what's the damage?
wieviel kostet das (, was ich gerade gehabt habe)?:

I've had steak, chips and a glass of red wine. What's the damage?
Ich hatte Steak, Pommes Frites und ein Glas Rotwein. Was macht das zusammen?

DAMN – not to give a damn (about s.th.)
sich den Teufel um etw. scheren:

He can do what he likes. I don't give a damn (about it).
Er kann tun, was er will. Mir ist es scheißegal.

DAY – at the end of the day
schließlich:

Be careful. At the end of the day, it's still only a verbal promise.
Sei vorsichtig. Schließlich ist es nur ein mündliches Versprechen.

– to call it a day (od. **night**)
aufhören, Feierabend machen, für heute Schluß machen:

We've been working for ten hours. Let's call it a day and go home.
Wir arbeiten schon seit zehn Stunden. Laß uns Schluß für heute machen und nach Hause gehen.

– to make one's day *(sl.)*
einen glücklich machen, einem den Tag zum Erfolg werden lassen:

And then the boss said he didn't need the report for another two weeks. It made my day.
Und dann sagte der Chef, daß er den Bericht erst in zwei Wochen bräuchte. Das freute mich riesig.

– to the day
auf den Tag genau:

We were in London two years ago to the day.
Auf den Tag genau vor zwei Jahren waren wir in London.

DEAD – to be dead beat
völlig erschöpft sein, wie „erschlagen" sein:

After a hard day's work he was dead beat.
Nach einem schweren Arbeitstag war er völlig erschöpft.

DEAL – be a (od. **no**) **big deal** *(sl.)*
(un)wichtig sein:

I was only talking to her. It's no big deal.
Ich habe nur mit ihr geredet. Es ist keine große Sache.

– to deal with s.th. (od. **s.o.**)
1. fertig werden mit etw. (od. j-m):

I don't understand this problem. Can you deal with it?
Dieses Problem verstehe ich nicht. Wirst du damit fertig?

2. übernehmen:

I'm busy. Can you deal with that customer, Jenny?
Ich habe keine Zeit. Kannst du diesen Kunden übernehmen, Jenny?

DEATH – to look like death warmed up
schlecht, wie eine wandelnde Leiche aussehen:

She looked awful the next morning. She looked like death warmed up.

Am nächsten Morgen sah sie fürchterlich aus. Sie sah wie eine wandelnde Leiche aus.

DEEP – to go off the deep end
aus der Haut fahren, sich aufregen:

At the slightest provocation she goes off the deep end.
Wenn man sie nur im geringsten reizt, fährt sie gleich aus der Haut.

DEPTH – to be out of one's depth
ratlos sein, unsicher sein, „schwimmen":

She tried to translate the book but was soon out of her depth.
Sie versuchte, das Buch zu übersetzen, kam jedoch bald ins Schwimmen.

DEVIL – between the devil and the deep blue sea
zwischen zwei Feuern, in einer Zwickmühle:

In front of him the dangerous mountain path, behind him the bandits, he was caught between the devil and the deep blue sea.
Da vor ihm der gefährliche Bergpfad war und hinter ihm die Banditen, befand er sich in einer aussichtslosen Lage.

– to give the devil his due
alles was recht ist, das muß der Neid (od. man) ihm/ihr lassen:

I know you don't think much of Peter, but to give the devil his due, he has always helped his friends.
Ich weiß, daß du nicht viel von Peter hältst, aber das muß man ihm lassen, er hat seinen Freunden immer geholfen.

DIE – never say die!
nur nicht aufgeben:

You're bound to find a way out of the difficulty. Never say die!
Du wirst schon einen Weg finden, um aus den Schwierigkeiten herauszukommen. Nur nicht aufgeben!

– to be dying for (od. **to do**) **s.th.** *(colloq.)*
1. sich nach etw. sehnen:

He was dying for a drink.
Er kam um vor Durst.

2. etw. liebend gern tun:

He is dying to know where you've been.
Er möchte für sein Leben gern wissen, wo du gewesen bist.

DIRTY – to play a dirty trick on s.o. *(colloq.)*
j-m gegenüber eine Gemeinheit begehen, j-n hereinlegen:

She'd never have thought that her friend would play such a dirty trick on her.
Sie hätte nie gedacht, daß ihre Freundin so gemein zu ihr sein würde.

DO – I (od. **you** usw.) **could do with s.th.** *(colloq.)*
ich (od. du usw.) könnte etw. gut gebrauchen, etw. würde mir (od. dir usw.) guttun:

I could do with a cup of tea now.
Jetzt könnte ich gut eine Tasse Tee vertragen.

– to be done for
„erledigt" sein, ruiniert sein, am Ende sein:

He's so weak, I'm afraid he's done for.
Er ist so schwach; ich fürchte, er ist am Ende.

– to do one's own thing *(sl.)*
tun, was einem paßt (od. was man will):

In Jim's house everyone can do their own thing. Jim is very tolerant.
Bei Jim kann jeder tun, was ihm paßt. Jim ist sehr tolerant.

– to do s.th. *(colloq.)*
bieten, verkaufen:

BOOTS do a cheap smoke alarm.
Die Firma BOOTS verkauft günstig Rauchmelder.

– to make s.th. do (od. **make do with s.th.**)
mit etw. auskommen, sich mit etw. begnügen, behelfen:

Unfortunately there's no butter left, so we'll have to make do with margarine.
Leider ist keine Butter mehr da, wir werden uns also mit Margarine behelfen müssen.

DOG – let sleeping dogs lie
schlafende Hunde soll man nicht wecken, laß die Finger davon!, rühr nicht alte Geschichten auf!:

I wouldn't tell him about it. Let sleeping dogs lie.
Ich würde ihm gar nichts davon erzählen. Schlafende Hunde soll man nicht wecken.

– to go to the dogs *(colloq.)*
vor die Hunde gehen, zugrunde gehen:

No wonder she's unhappy, her husband has been leading her a dog's life ever since their marriage.

If he doesn't pull himself together, he'll go to the dogs.
Wenn er sich nicht zusammenreißt, geht er vor die Hunde.

– to lead s.o. a dog's life
j-m das Leben zur Hölle machen:

No wonder she's unhappy, her husband has been leading her a dog's life ever since their marriage.
Kein Wunder, daß sie unglücklich ist; seit ihrer Heirat hat ihr Mann ihr das Leben zur Hölle gemacht.

DOT – on the dot
auf die Sekunde genau:

The train always left on the dot.
Der Zug fuhr immer pünktlich auf die Sekunde.

DOWN – down-to-earth
wirklichkeitsnah, realistisch, mit beiden Beinen auf der Erde (stehend):

She'll be just right for the job. She's a down-to-earth person.
Sie ist genau richtig für die Stelle. Sie steht mit beiden Beinen auf der Erde.

– to be down and out
völlig „erledigt" sein, „restlos fertig" sein, „auf den Hund" gekommen sein:

He went bankrupt and now he is down and out.
Er hat Bankrott gemacht und ist jetzt völlig heruntergekommen.

– to be down at heel
heruntergekommen sein, abgerissen sein, schäbig aussehen:

He was very down at heel and looked as though he hadn't a penny to his name.
Er war sehr heruntergekommen und schien finanziell völlig am Ende zu sein.

– to be down on one's luck *(colloq.)*
in übler Lage sein, vom Pech verfolgt sein, eine Pechsträhne haben:

He once was a famous actor, but lately he's been rather down on his luck.
Er war früher ein berühmter Schauspieler, aber seit einiger Zeit ist er vom Pech verfolgt.

– to be down to s.o. *(sl.)*
die Verantwortung von j-m sein:

You're the only doctor here so it's down to you.
Sie sind hier der einzige Arzt, also sind Sie zuständig.

– to feel (really) down *(colloq.)*
deprimiert sein, ganz unten sein:

Harry has lost everything so he's really down.
Harry hat alles verloren, deshalb ist er ganz deprimiert.

DRAG – to drag on *(colloq.)*
sich in die Länge ziehen, sich dahinschleppen:

The boring party dragged on for hours.
Die langweilige Fete zog sich stundenlang hin.

DRAIN – down the drain
im Eimer:

It doesn't work and there's no guarantee. So that's £30 down the drain.
Es funktioniert nicht, und es gibt keine Garantie darauf. Also sind die £30 im Eimer.

DRAW – to draw the line at s.th.
etw. nicht über einen Punkt hinausgehen lassen, bei etw. nicht mehr mitmachen:

He didn't mind burglary or picking pockets occasionally, but he drew the line at armed robbery.

Gegen einen Einbruch oder einen gelegentlichen Taschendiebstahl hatte er nichts einzuwenden, aber bei bewaffnetem Raub machte er nicht mit.

DRAWING-BOARD – back to the drawing-board
also noch mal von vorne:

Customers are complaining that our new shampoo turns their hair green. – Ah well, back to the drawing-board.
Die Kunden beschweren sich, daß unser neues Shampoo ihnen die Haare grün färbt. – Na ja, dann heißt es also: Noch mal von vorne.

DRESSING-DOWN – to give s.o. a dressing-down *(colloq.)*
j-m eine Standpauke halten, j-m einen Rüffel erteilen:

His parents gave him a dressing-down for coming home late at night.
Seine Eltern hielten ihm eine Standpauke, weil er spät nachts nach Hause gekommen war.

DRIVE – to be driving at s.th. *(colloq.)*
auf etw. anspielen, auf etw. hinauswollen:

I didn't know what he was driving at.
Ich wußte nicht, worauf er eigentlich hinauswollte.

– to drive s.th. home (to s.o.)
(j-m) etw. klarmachen:

He pretended not to understand, but finally we drove home to him what we wanted.
Er tat so, als ob er uns nicht verstand, aber schließlich konnten wir ihm klarmachen, was wir wollten.

DROP – to drop in on s.o. *(colloq.)*
(kurz) bei j-m hereinschauen, bei j-m vorbeischauen:

Whenever he comes to London he drops in on us.
Immer wenn er nach London kommt, schaut er kurz bei uns vorbei.

– **to drop s.o. a line** *(colloq.)*
j-m ein paar Zeilen schreiben:

Drop me a line to let me know that you have arrived safely.
Schreib mir ein paar Zeilen, damit ich weiß, daß du gut angekommen bist.

DUMP – to dump s.th. (od. **s.o.**) *(sl.)*
1. etw. (od. j-n) loswerden:

It can't be repaired. Let's dump it in the skip.
Man kann es nicht reparieren. Werfen wir es in den Container.

2. j-n sitzenlassen:

John is really depressed. His girlfriend has dumped him for his best friend.
John ist sehr deprimiert. Seine Freundin hat ihn wegen seines besten Freundes sitzenlassen.

DUTCH – to go Dutch (with s.o.) *(colloq.)*
getrennte Kasse machen, sich die Kosten (mit j-m) teilen:

I don't want you to pay for me, I'll go Dutch with you.
Ich möchte nicht, daß du für mich bezahlst; wir machen getrennte Kasse.

E

EAR – to bend s.o.'s ear *(sl.)*
j-n vollquatschen:

I need to talk to you. Can I bend your ear for a moment?
Ich muß mit dir reden. Kann ich dich einen Moment sprechen?

EARLY – the early bird gets (od. **catches**) **the worm**
Morgenstunde hat Gold im Munde; wer zuerst kommt, mahlt zuerst:

The January sales start tomorrow and Selfridges have got wonderful bargains. Don't be late. The early bird catches the worm.
Der Winterschlußverkauf fängt morgen an, und bei Selfridges gibt es tolle Schnäppchen. Komm nicht zu spät. Wer zuerst kommt, mahlt zuerst.

EASY – take it (od. **things**) **easy!** *(colloq.)*
immer mit der Ruhe!, nur keine Aufregung!:

We'll find your lost key for you. Just take it easy!
Wir werden den Schlüssel, den du verloren hast, schon finden. Nur keine Aufregung!

EAT – to eat one's heart out
sich vor Gram verzehren:

She has been eating her heart out since she lost her child in an accident.
Seit sie ihr Kind bei einem Unfall verloren hat, verzehrt sie sich vor Gram.

– to eat one's words
seine Worte (kleinlaut) zurücknehmen, Gesagtes widerrufen:

When confronted with an eye-witness he had to eat his words.
Als er einem Augenzeugen gegenübergestellt wurde, mußte er seine Aussage widerrufen.

EDGE – to set s.o.'s teeth on edge
j-n kribbelig machen, j-m durch Mark und Bein (od. durch und durch) gehen:

The cry of the man who was run over set my teeth on edge.
Der Schrei des Mannes, der überfahren wurde, ging mir durch Mark und Bein.

– to take the edge off s.th.
einer Sache die Spitze (od. Schärfe, Wirkung) nehmen:

His reasonable arguments took the edge off the opposing speaker's sharp attack.
Seine vernünftigen Argumente nahmen den scharfen Worten seines Gegners ihre Wirkung.

EGG – as sure as eggs are eggs
1. ganz sicher, so sicher wie das Amen in der Kirche:

I will be at the station to pick you up and carry your suitcases. As sure as eggs are eggs.
Ich werde am Bahnhof sein, um dich abzuholen und deine Koffer zu tragen. So sicher wie das Amen in der Kirche.

2. Gift darauf nehmen können:

And as sure as eggs are eggs that wall will fall down as soon as anyone leans against it.
Und Sie können Gift darauf nehmen: Sobald sich jemand an diese Mauer lehnt, fällt sie um.

END – to make (both) ends meet
mit seinen Einkünften auskommen, sich nach der Decke strecken, über die Runden kommen:

The young couple had great difficulty in making both ends meet.
Das junge Paar hatte große Mühe, finanziell über die Runden zu kommen.

EVEN – to be (od. **get**) **even with s.o.** *(colloq.)*
mit j-m quitt werden, mit j-m abrechnen, j-m etw. heimzahlen:

I'll get even with him no matter how long it takes me!
Ich werde mit ihm abrechnen, ganz egal, wie lange das dauern mag!

EVERY – every now and then, every so often *(colloq.)*
gelegentlich, hin und wieder:

She calls on me every now and then.
Sie besucht mich hin und wieder.

EYE – to keep an eye on s.o. (od. **s.th.**) *(colloq.)*
ein (wachsames) Auge auf j-n (od. etw.) haben:

She asked her neighbour to keep an eye on the children.
Sie bat ihre Nachbarin, ein Auge auf die Kinder zu haben.

F

FACE – on the face of it
auf den ersten Blick, äußerlich betrachtet:

On the face of it, you are right.
Auf den ersten Blick hast du recht.

– to face the music *(colloq.)*
die Suppe (, die man sich eingebrockt hat,) auslöffeln, dafür geradestehen:

You've done wrong. You'll have to face the music.
Du hast etwas Unrechtes getan. Dafür mußt du geradestehen.

– to face (up to) s.o. (od. **s.th.**)
1. j-m (od. einer Sache) mutig ins Auge sehen, die Stirn bieten:

We'll have to face up to every form of terrorism.
Wir werden jeder Form des Terrorismus entschlossen entgegentreten müssen.

2. sich j-m stellen:

You'll have to face the boss sometime.
Du wirst um eine Konfrontation mit dem Chef nicht herumkommen.

– to fly in the face of s.th.
sich einer Sache (offen) widersetzen, einer Sache trotzen, sich über etw. hinwegsetzen:

To write this article was to fly in the face of public opinion.
Diesen Artikel zu schreiben bedeutete, der öffentlichen Meinung zu trotzen.

– to keep a straight face
sich das Lachen verkneifen:

The groom dropped the ring down the front of the bride's dress. The vicar could hardly keep a straight face.
Der Bräutigam ließ den Ring in den Ausschnitt der Braut fallen.
Der Priester konnte sich das Lachen kaum verkneifen.

– to place a face
ein Gesicht einordnen:

*Do you know that man with the brown jacket? I can't place his face.
– Oh, that's the new doctor in the village.*
Kennst du den Mann in der braunen Jacke? Ich kann sein Gesicht nicht einordnen. – Ach, das ist der neue Dorfarzt.

– to put a good (od. **bold, brave**) **face on** (s.th.)
sich etw. nicht anmerken lassen, einer Sache gelassen entgegensehen:

He has not been too successful up till now, but he is putting on a good face.
Er hat bisher nicht viel Erfolg gehabt, aber er läßt es sich nicht anmerken.

– to take s.o. (od. **s.th.**) **at his** (od. **her** usw.) **face value**
j-n nach dem Äußeren beurteilen, etw. für bare Münze nehmen:

I was wrong to take his words at their face value.
Es war falsch von mir, seine Worte für bare Münze zu nehmen.

FALL – to fall back on s.th.
auf etw. zurückgreifen, an etw. einen Rückhalt haben:

In an emergency she always can fall back on her savings.
Im Notfall kann sie immer noch auf ihre Ersparnisse zurückgreifen.

– to fall flat
„danebengehen", mißglücken, keinen Eindruck machen:

His speech fell flat and was only weakly applauded.
Seine Rede machte keinen Eindruck und fand nur wenig Beifall.

– to fall for s.o. (od. **s.th.**) (*colloq.*)
sich in j-n „verknallen", sich in j-n (od. etw.) verlieben, auf j-n (od. etw.) hereinfallen:

He falls for every pretty girl he meets.
Er verknallt sich in jedes hübsche Mädchen, das ihm begegnet.

He has fallen for the agent's suggestions.
Er ist auf die Vorschläge des Maklers hereingefallen.

– to fall into line with s.o. (od. **s.th.**)
1. j-m (od. etw.) zustimmen (od. beipflichten):

He fell into line with his fellow-workers.
Er stimmte seinen Kollegen zu.

2. sich fügen:

Although she didn't agree with the others, she fell into line with majority decision.
Obwohl sie den anderen nicht zustimmte, fügte sie sich der Mehrheitsentscheidung.

– to fall out (with s.o.) *(sl.)*
sich zerstreiten (mit j-m), wegen etw. in Streit geraten (mit j-m):

Mary has fallen out with her mother over the invitations to the wedding.
Mary hat sich mit ihrer Mutter wegen der Hochzeitseinladungen zerstritten.

Mary and her mother have fallen out.
Mary und ihre Mutter haben sich zerstritten.

– to fall through
scheitern, nicht zustande kommen:

We'll have to think again. The deal with Egypt has fallen through.
Wir müssen erneut nachdenken. Das Geschäft mit Ägypten ist gescheitert.

FANCY – to fancy one's chances (at s.th.) *(colloq.)*
sich Chancen ausrechnen:

They're running a Miss Telecom beauty contest. Do you fancy your chances?
Man organisiert die Wahl der Miß Telecom. Meinst du, du könntest gewinnen?

– to fancy s.o (od. **s.th.**) *(colloq.)*
j-n (od. etw.) gut (od. attraktiv) finden:

Jim fancies that girl, I think. See how he's looking at her.

Jim findet das Mädchen attraktiv, glaube ich. Guck, wie er sie anschaut.

I fancy a piece of chocolate cake today.
Ich habe heute Lust auf ein Stück Schokoladentorte.

FAR – as far as that goes
was das (an)betrifft:

You needn't worry about arranging the insurance. As far as that goes you can leave everything to me.
Du brauchst dir keine Sorgen um die Versicherung zu machen. Was das betrifft, werde ich mich darum kümmern.

– to be a far cry from s.th.
(himmel)weit von etw. entfernt sein, etw. ganz anderes sein als etw.:

It is a far cry from reading English books to talking to English--speaking people.
Englische Bücher zu lesen ist etwas ganz anderes, als sich mit englischsprechenden Leuten zu unterhalten.

– not to trust s.o. as far as one can throw s.o.
j-m nicht über den Weg trauen:

I wouldn't trust Bill as far as I can throw him. He's well-known for lying.
Ich würde Bill nicht über den Weg trauen. Er ist ein berüchtigter Lügner.

FASHION – after a fashion
mehr schlecht als recht, so lala:

He did his work after a fashion, but had no real interest in it.
Er tat seine Arbeit mehr schlecht als recht, hatte aber kein wirkliches Interesse daran.

FAT – the fat is in the fire
der Teufel ist los:

When he got your letter the fat was in the fire.
Als er deinen Brief bekam, war der Teufel los.

FAULT – to a fault
übertrieben, allzu:

He is polite to a fault.
Er ist übertrieben höflich.

FEATHER – a feather in one's cap
eine Ehre, eine Auszeichnung, etw., worauf man stolz sein kann:

It's a feather in her cap that her painting was given the highest award.
Sie kann stolz darauf sein, daß ihr Gemälde mit dem ersten Preis ausgezeichnet wurde.

– to feather one's nest
sein Schäfchen ins trockene bringen, sich bereichern:

He feathered his nest at the expense of the public.
Er brachte sein Schäfchen auf Kosten der Allgemeinheit ins trockene.

FED – to be fed up with s.th. (od. **s.o.**) *(colloq.)*
etw. (od. j-n) satt haben, von etw. (od. j-m) „die Nase voll" haben:

He was fed up with the noise of the city so he moved to the country.
Er hatte die Nase voll vom Lärm der Großstadt, also zog er aufs Land.

FEEL – to feel up to s.th. *(colloq.)*
einer Sache gewachsen sein, sich zu etw. aufraffen können:

I don't feel up to going shopping. The weather's too hot.
Ich kann mich nicht zum Einkaufen aufraffen. Es ist zu heiß.

I don't feel up to much this morning.
Ich fühle mich heute morgen gar nicht wohl.

FENCE – to be (od. **sit**) **on the fence**
sich nicht festlegen (od. Partei ergreifen) wollen:

The problem with that politician is that he always sits on the fence

as far as the big political questions are concerned. I don't think he wants to take up a clear position.
Das Problem mit dem Politiker ist, daß er sich bei den großen politischen Fragen nicht festlegen will. Ich glaube, er will gar keine klare Position vertreten.

– to come off the fence
eine abwartende Haltung aufgeben, Partei ergreifen:

It's time to decide this once and for all. You must come off the fence and join one side or the other.
Es ist Zeit, diese Frage ein für allemal zu entscheiden. Sie müssen Ihre neutrale Haltung aufgeben und sich der einen oder der anderen Seite anschließen.

FEW – few and far between
sehr vereinzelt, dünn gesät:

True friends are few and far between.
Wahre Freunde sind dünn gesät.

FINGER – to have a finger in the pie *(colloq.)*
die Hand im Spiel haben:

I'm sure this meeting is a put-up job and I wouldn't be a bit surprised if your sister had a finger in the pie.
Ich bin davon überzeugt, daß dieses Treffen eine abgekartete Sache ist, und es würde mich nicht wundern, wenn deine Schwester ihre Hand im Spiel hat.

– to put (od. lay) one's finger on it
den Finger auf die Wunde legen:

He put his finger on it when he pointed out how many careless mistakes had been made.
Er legte den Finger auf die Wunde, als er darauf hinwies, wie viele vermeidbare Fehler gemacht worden waren.

FINGERTIPS – to have s.th. at one's fingertips
etw. aus dem Effeff beherrschen, völlig vertraut sein mit etw., etw. parat haben:

to put one's finger on it

He is a clever salesman who has all the tricks of the trade at his fingertips.
Er ist ein gewiefter Verkäufer und mit allen Kniffen bestens vertraut.

FIRED – to be (od. **get**) **fired**
entlassen werden:

Dorothy doesn't work here any more. She was fired last month for lateness.
Dorothy arbeitet nicht mehr hier. Sie ist letzten Monat wegen Zuspätkommens entlassen worden.

FIT – in (od. **by**) **fits and starts**
ruckweise, dann und wann, anfallsweise:

He does not work methodically, but only by fits and starts.
Er arbeitet nicht planmäßig, sondern nur unregelmäßig.

FIX – to fix s.o. up with s.th. (od. **s.o.**) *(colloq.)*
j-m etw. organisieren, besorgen:

John can fix you up with a bed for the night. He's got a spare room.
John kann dich für die Nacht unterbringen. Er hat ein Gästezimmer.

Harry fixed Sue up with a date with Jim. They are going out together on Friday.
Harry hat für Sue eine Verabredung mit Jim arrangiert. Sie gehen Freitag zusammen aus.

FLASH – a flash in the pan
ein Strohfeuer, ein kurzer Einzelerfolg:

His love for Jenny soon turned out to be a flash in the pan.
Seine Liebe zu Jenny erwies sich bald als Strohfeuer.

The success of his first film was a mere flash in the pan.
Sein erster erfolgreicher Film war nur ein Einzelerfolg.

FLY – a fly in the ointment
ein Haar in der Suppe, der Haken daran:

The picture is very beautiful, but there's a fly in the ointment: the price is too high.
Es ist ein schönes Bild, aber da ist ein Haar in der Suppe: Der Preis ist zu hoch.

– there are no flies on him (od. **her** usw.)
er (od. sie usw.) ist nicht dumm, ihm (od. ihr usw.) kann man nichts vormachen:

Just you try to hoax him, there are no flies on him!
Versuch nur, ihn reinzulegen; dem kannst du nichts vormachen.

– to fly off the handle
stinkwütend werden, in die Luft (od. an die Decke) gehen:

Seeing him hanging around all the time is enough to make me fly off the handle.
Wenn ich nur sehe, wie er dauernd herumlungert, werde ich schon stinkwütend.

The picture is very beautiful, but there's a fly in the ointment: the price is too high.

FOLLOW – to follow suit
„nachziehen", j-s Beispiel folgen:

When one shop reduces its prices, the others will have to follow suit.
Wenn ein Geschäft die Preise herabsetzt, werden die anderen nachziehen müssen.

FOOL – no fool like an old fool
Alter schützt vor Torheit nicht:

He married again at the age of 75. No fool like an old fool.
Mit 75 Jahren heiratete er noch einmal. Alter schützt vor Torheit nicht.

FOOT – to put one's foot down *(colloq.)*
energisch werden, ein Machtwort sprechen, mit der Faust auf den Tisch hauen:

The boy wanted to stay out until past midnight, but his father put his foot down.
Der Junge wollte bis nach Mitternacht wegbleiben, aber sein Vater sprach ein Machtwort.

– **to put one's foot in it** *(colloq.)*
ins Fettnäpfchen treten:

With his tactless way of talking he has put his foot in it more than once.
Mit seiner taktlosen Art zu reden ist er schon mehrmals ins Fettnäpfchen getreten.

FORK – to fork up (od. **out**) *(colloq.)*
(Geld) herausrücken, „blechen":

You'll have to fork out a lot of money.
Du wirst ganz schön blechen müssen.

FRYING-PAN – to jump (od. **get** od. **fall** od. **leap**) **out of the frying-pan into the fire**
vom Regen in die Traufe kommen:

Going up this road we've just got out of the frying-pan into the fire. The traffic here is worse than on the road we've just left.
Wir sind vom Regen in die Traufe gekommen, als wir auf diese Straße gefahren sind, denn hier ist der Verkehr noch stärker als auf der vorigen.

G

GET – get away! *(sl.)*
Das glaubst du selbst nicht!, sag bloß!:

What, you only paid £200 for a plane ticket to Boston. Get away!
Was, du hast nur £200 für ein Flugticket nach Boston bezahlt. Sag bloß!

– to be getting on for ... *(colloq.)*
1. zugehen auf (einen Zeitpunkt):

It's getting on for ten o'clock.
Es ist bald 10 Uhr.

2. bald ... (alt) werden:

She is getting on for seventy.
Sie geht auf die Siebzig zu.

– to get a move on *(sl.)*
„einen Zahn zulegen", sich beeilen:

You won't catch the bus unless you get a move on!
Wenn du dich nicht beeilst, kriegst du den Bus nicht mehr.

– to get (a)round to (doing) s.th.
dazu kommen (etw. zu tun):

I'm very busy today, but I hope to get round to your request tomorrow.
Ich habe heute sehr viel zu tun, aber ich hoffe, daß ich morgen dazu komme, Ihr Anliegen zu erledigen.

– to get along (od. **on**) (**with s.o.**)
(mit j-m) auskommen, sich (mit j-m) vertragen:

He gets along well with his brother.
Er kommt gut mit seinem Bruder aus.

– to get at s.o. (od. **s.th.**) *(sl.)*
1. j-n kritisieren, auf j-m herumhacken:

Why are you getting at me? I haven't done anything wrong.
Warum hackst du auf mir herum? Ich habe nichts falsch gemacht.

2. auf etw. hinauswollen:

What are you getting at?
Worauf willst du hinaus?

– to get away with s.th.
ungestraft davonkommen:

It was such a stupid lie! I never thought he would get away with it.
Es war eine so dumme Lüge; ich hätte nie gedacht, daß er damit durchkommt.

– to get back to s.o. *(colloq.)*
auf j-n zurückkommen, j-n zurückrufen:

I'll get back to you later.
Ich werde dich später zurückrufen.

– to get down to s.th.
sich (ernsthaft) an etw. heranmachen, sich etw. widmen:

You must stop wasting time and get down to work.
Du mußt aufhören, Zeit zu verschwenden, und dich ernsthaft an die Arbeit machen.

– to get off lightly (od. **cheaply**)
glimpflich davonkommen:

With a fine of £50 you got off rather lightly.
Mit einer Geldstrafe von 50 Pfund bist du ja noch ziemlich glimpflich davongekommen.

– to get on (od. **at, in, with**) ... *(colloq.)*
auf (od. in, bei, mit) ... zurechtkommen:

How is your daughter getting on at college? Is she happy?
Wie kommt Ihre Tochter auf der Hochschule zurecht? Ist sie zufrieden?

John gets on with everybody. And everybody seems to like him, too.
John kommt mit jedem gut aus. Und alle scheinen ihn auch zu mögen.

– to get out of (doing) s.th. *(colloq.)*
sich aus etw. herauswinden, sich davor (od. darum) drücken, etw. zu tun:

It's no use trying to get out of your duties, however unpleasant they are.
Es hat keinen Sinn, wenn du versuchst, dich um deine Pflichten zu drücken, ganz gleich wie unangenehm sie sind.

– to get round s.o.
j-n um den Finger wickeln, j-n herumkriegen:

The little girl knew how to get round her father.
Die Kleine verstand es, ihren Vater um den Finger zu wickeln.

– to get s.o. down *(colloq.)*
j-n „fertigmachen", j-n aufreiben:

This weather is getting me down.
Dieses Wetter macht mich ganz fertig.

– to get s.th. across to s.o. *(colloq.)*
j-m etw. klarmachen:

The old man found it difficult to get his opinion across to the young people.
Es war schwierig für den alten Mann, den jungen Leuten seine Meinung klarzumachen.

– to get s.th. off one's chest *(colloq.)*
sich etw. von der Seele reden, etw. „loswerden":

Don't keep everything to yourself! Get your problems off your chest!
Behalte doch nicht alles für dich! Rede dir deine Probleme von der Seele!

– to get s.th. off one's hands
(die Verantwortung für) etw. loswerden:

I'd be glad to get the matter off my hands.
Ich wäre die Verantwortung für die Sache gern los.

– to get the hang of s.th. *(sl.)*
etw. kapieren, mit etw. zurechtkommen:

Harry, I need some help with this machine. I can't get the hang of it at all.
Harry, ich brauche bei diesem Gerät etwas Hilfe. Ich komme damit überhaupt nicht zurecht.

– to get through s.th.
1. etw. hinter sich bringen (od. kriegen), etw. erledigen (od. schaffen):

She got through a lot of correspondence today.
Sie hat heute eine Menge Korrespondenz erledigt.

2. etw. „durchbringen":

The young man got through all his money.
Der junge Mann brachte sein ganzes Geld durch.

– what's got into s.o.? *(sl.)*
was ist in dich (od. ihn, sie usw.) gefahren?, was ist denn jetzt los mit dir (od. ihm, ihr usw.)?:

Suddenly he flew into a fury. I didn't know what had got into him.
Plötzlich wurde er furchtbar wütend. Ich wußte nicht, was in ihn gefahren war.

GIFT – to have the gift of the gab
redegewandt sein, nicht auf den Mund gefallen sein:

To persuade the crowd, all you need is the gift of the gab.
Um die Menge zu überzeugen, braucht man weiter nichts als ein gutes Mundwerk.

GIFT-HORSE – to look a gift-horse in the mouth
einem geschenkten Gaul ins Maul schauen:

Don't (od. never) look a gift-horse in the mouth.
Einem geschenkten Gaul schaut man nicht ins Maul.

GIVE – give or take
ungefähr, mit einer Bandbreite von, plus/minus:

It will cost you about £300 – give or take £50.
Es wird dich dreihundert Pfund kosten – plus/minus fünfzig Pfund.

– to give in (to s.o. od. s.th.)
(j-m od. einer Sache) nachgeben, sich (j-m od. einer Sache) beugen:

She usually has to give in to her big sister.
Sie muß meistens ihrer großen Schwester nachgeben.

to give s.o. the glad eye

– to give s.o. (od. s.th.) away
j-n (od. etw.) verraten:

The prisoner refused to give away his accomplices.
Der Gefangene weigerte sich, seine Komplizen zu verraten.

– to give s.o. the glad eye *(sl.)*
j-m schöne Augen machen, j-m verliebte Blicke zuwerfen:

The girls gave the sailors the glad eye.
Die Mädchen machten den Matrosen schöne Augen.

– to give s.o. what for *(sl.)*
es j-m geben (od. besorgen):

If you don't stop playing with the matches, I'll give you what for!
Wenn du nicht aufhörst, mit den Streichhölzern zu spielen, kriegst du was von mir!

– to give the (whole) show (od. **game**) **away**
etw. preisgeben, verraten:

Susan wasn't supposed to know about the surprise party, but then Harry opened his mouth and gave the whole show away.
Susan sollte von der Überraschungsfete nichts erfahren, aber dann machte Harry seinen Mund auf und verriet alles.

– to give way (to s.th. od. **s.o.)**
1. den Vorrang (od. die Vorfahrt) lassen:

Drivers give way to the traffic coming in from the right.
Die Fahrer lassen dem von rechts kommenden Verkehr die Vorfahrt.

2. nachgeben, sich hingeben:

Don't give way to your despair!
Gib dich nicht deiner Verzweiflung hin!

GLADRAGS – to put one's gladrags on
sich in Schale werfen:

Come on, Shelley. Put your gladrags on. We're going to the dance.
Komm schon, Shelley. Wirf dich in Schale. Wir gehen tanzen.

GLOVE – (not) to handle (od. **treat**) **s.o. with kid gloves** *(colloq.)*
j-n (nicht) mit Samthandschuhen anfassen:

The hijackers didn't handle their hostages with kid gloves.
Die Luftpiraten gingen sehr unsanft mit ihren Geiseln um.

GO – (it's) no go *(sl.)*
(das) geht nicht, (da ist) nichts zu machen:

I've tried to convince them, but it's no go.
Ich habe versucht, sie zu überzeugen, aber es ist nichts zu machen.

– to be going on (od. **off** od. **down**) *(colloq.)*
passieren, los sein:

What's going on? It looks like a party.
Was ist hier los? Es sieht aus wie eine Fete.

– to be on the go *(colloq.)*
ständig in Bewegung, unterwegs, auf den Beinen, „auf Achse" (od. Trab) sein:

The farmer's wife was very busy and always on the go.
Die Bauersfrau war sehr beschäftigt und ständig auf den Beinen.

– to go a long way (od. **not to go far**) **towards doing s.th.**
(nicht) wesentlich dazu beitragen, daß etw. getan wird:

The President's statements went a long way towards reassuring the nation.
Die Darlegungen des Präsidenten trugen wesentlich zur Beruhigung der Nation bei.

I'm afraid £5 won't go far towards my bill.
Fünf Pfund decken meine Rechnung leider nicht annähernd.

– to go along with s.o. *(colloq.)*
mit j-m übereinstimmen:

He didn't go along with his brother in this matter.
In dieser Angelegenheit stimmte er nicht mit seinem Bruder überein.

– to go back on s.th.
etw. nicht halten, nicht zu etw. stehen:

He often goes back on what he promises.
Er hält oft nicht sein Versprechen.

– to go down (well) with s.o.
bei j-m Anklang finden, „ankommen":

The student knew what sort of answer went down well with the professor.
Der Student wußte, welche Antworten der Professor hören wollte.

– to go for s.th. *(sl.)*
„rangehen", sich etw. holen:

If you want the job, go for it! What have you got to lose?
Wenn du die Stelle willst, nichts wie ran. Was hast du schon zu verlieren?

– **to go for the jugular** *(sl.)*
ernsthaft angreifen, aufs Ganze gehen:

You should have seen them in the meeting. John admitted his mistake and Harry really went for the jugular. John had to resign.
Sie hätten sie in der Sitzung sehen sollen. John gestand seinen Fehler ein, und Harry griff ihn heftig an. John mußte zurücktreten.

– **to go in for s.th.** *(colloq.)*
sich mit etw. befassen, sich für etw. interessieren, etw. betreiben:

In winter he goes in for skiing.
Im Winter läuft er Ski.

– **to go on (about s.th.** od. **s.o.)** *(colloq.)*
ständig von etw. reden, auf etw. herumreiten, auf j-n herumhacken:

Some people like to go on about their ancestors.
Manche Leute lieben es, ständig von ihren Ahnen zu reden.

Stop going on about her little faults.
Reite nicht ständig auf ihren kleinen Schwächen herum!

– **to go to great lengths** (od. **trouble** od. **pains**) **to do** (od. **of doing**) **s.th.**
sich viel Mühe geben, sein möglichstes tun, um etw. zu erreichen:

She went to great lengths to achieve her ambition.
Sie tat ihr möglichstes, um ihre ehrgeizigen Pläne zu verwirklichen.

– **to have a go at s.th.** *(colloq.)*
etw. ausprobieren, versuchen:

Come on, let's have a go at it!
Los, probieren wir's mal!

GOOD – **for good**
für immer, endgültig:

After his farewell concert he retired for good.
Nach seinem Abschiedskonzert zog er sich für immer aus der Öffentlichkeit zurück.

You may keep it for good.
Du kannst es für immer behalten.

GRAIN – to go (od. **be**) **against the grain with s.o.**
j-m gegen den Strich gehen, j-m zuwider sein:

Telling such lies goes against the grain with me.
So zu lügen geht mir gegen den Strich.

GRANTED – to take s.o. od. **s.th. for granted**
als selbstverständlich betrachten, annehmen:

You shouldn't take his fairness so much for granted.
Du solltest seine Anständigkeit nicht für so selbstverständlich halten.

I'm sorry. I just took it for granted that you weren't married.
Es tut mir leid. Ich nahm einfach an, daß Sie nicht verheiratet wären.

GREEK – to be (all) Greek to s.o.
böhmische Dörfer für j-n sein:

She explained it to me at length, but what she said was all Greek to me.
Sie hat es mir ausführlich erklärt, aber was sie sagte, waren böhmische Dörfer für mich.

GREEN – to have green fingers
einen grünen Daumen (od. eine Hand für Pflanzen) haben:

Some people seem to have green fingers.
Es gibt Menschen, die scheinen einen grünen Daumen zu haben.

GRIN – to grin and bear it
gute Miene zum bösen Spiel machen:

There's no remedy. You simply have to grin and bear it.
Da hilft nichts! Da heißt es einfach für dich gute Miene zum bösen Spiel machen.

GRIP – to come (od. **get**) **to grips with s.th.**
sich mit etw. auseinandersetzen, etw. anpacken, etw. „angehen":

We've got to come to grips with the problem.
Wir müssen uns mit dem Problem auseinandersetzen.

– to take a grip on oneself *(colloq.)*
sich zusammenreißen, sich am Riemen reißen, sich einen Ruck geben:

If you want to finish today, you'd better take a grip on yourself and get on with your work!
Wenn du heute noch fertig werden willst, solltest du dich lieber am Riemen reißen und dich wieder an die Arbeit machen.

GROUND – to cover a great deal of (od. **a lot of) ground**
1. eine beträchtliche Wegstrecke zurücklegen:

The hikers covered a great deal of ground today.
Die Wanderer haben heute eine beträchtliche Strecke zurückgelegt.

2. umfassend sein, einen weiten Themenkreis umfassen:

The chairman's report covered a lot of new ground.
Der Bericht des Vorsitzenden behandelte viele neue Aspekte.

– to gain (od. **give** od. **lose) ground**
an Boden gewinnen (od. verlieren):

The new theory soon gained ground.
Die neue Theorie gewann bald an Boden.

– to have one's feet on the ground
mit beiden Beinen auf der Erde stehen:

I think you'll find that John has his feet on the ground. He leaves dreaming to others.
Ich glaube, Sie werden sehen, daß John mit beiden Beinen auf der Erde steht. Er überläßt das Träumen anderen.

GROUNDED – to be grounded *(sl.)*
Ausgehverbot (od. Stubenarrest) haben:

I can't go to football with you. I'm grounded because I came in at two o'clock in the morning.
Ich kann nicht mit dir zum Fußball. Ich habe Ausgehverbot, weil ich um zwei Uhr morgens nach Hause gekommen bin.

GROW – the habit (od. **it**) **grows on s.o.** *(colloq.)*
1. j-m zur Gewohnheit werden:

I know I ought not to smoke so many cigarettes, but the habit has grown on me and I can't shake it off.
Ich weiß, ich sollte nicht so viele Zigaretten rauchen, aber das ist mir zur Gewohnheit geworden, und ich kann nicht mehr davon lassen.

2. j-m gefallen, j-m ans Herz wachsen, Geschmack an etw. finden:

You may not like this town at first, but you'll find it grows on you.
Es kann sein, daß du diese Stadt zuerst nicht magst, aber du wirst sehen, mit der Zeit wird sie dir gefallen.

GRUDGE – to bear s.o. a grudge
j-m grollen (od. böse sein):

She still bears me a grudge because I forgot to send her a birthday card.
Sie ist mir immer noch böse, weil ich vergessen habe, ihr eine Geburtstagskarte zu schicken.

GUN – to stick to one's guns *(sl.)*
sich nicht beirren lassen, festbleiben, bei der Stange bleiben:

He has been set an almost impossible task, but I'm sure that he will succeed if he sticks to his guns.
Man hat ihm eine fast unlösbare Aufgabe gestellt, aber ich bin sicher, daß er es schaffen wird, wenn er nicht lockerläßt.

H

HABIT – to kick the habit *(sl.)*
sich etw. abgewöhnen, aufgeben:

Cigarette? – No thanks, I've managed to kick the habit.
Zigarette? – Nein danke, ich habe es geschafft, mir das Rauchen abzugewöhnen.

HAIR – to keep one's hair on *(sl.)*
sich nicht aufregen, nicht gleich wütend werden, sich nicht aus der Ruhe bringen lassen:

Keep your hair on! It can't be helped.
Reg dich nicht auf! Daran ist nichts zu ändern.

– to let one's hair down *(sl.)*
1. sich ganz ungezwungen, leger geben:

They like to go camping, because in that atmosphere they can really let their hair down.
Sie zelten gern, weil sie sich in der Atmosphäre ganz ungezwungen geben können.

2. aus der Reserve kommen, „aus sich herausgehen":

With a true friend you can let your hair down and tell everything.
Einem wahren Freund kannst du dich rückhaltlos anvertrauen und alles erzählen.

– to make s.o.'s hair stand on end
j-m die Haare zu Berge stehen lassen:

Her screams made my hair stand on end.
Ihre Schreie ließen mir die Haare zu Berge stehen.

HALF – not half *(sl.)*
1. bei weitem nicht, (noch) lange nicht:

This stick's not half long enough.
Dieser Stock ist bei weitem nicht lang genug.

2. gehörig, mordsmäßig:

Was she angry?— Not half!
War sie wütend?— Und wie!

– that's half the battle
damit ist schon viel gewonnen, damit hat man gewonnenes Spiel:

As a teacher you should try to win the pupils' confidence, that is half the battle.
Als Lehrer sollte man versuchen, das Vertrauen der Schüler zu gewinnen, damit ist schon viel erreicht.

– to have half a mind to do s.th.
nicht übel Lust haben, etw. zu tun, fast etw. tun wollen:

I had half a mind to go to the concert.
Ich hätte nicht übel Lust, in das Konzert zu gehen.

– too ... by half
viel zu ... (z.B. frech):

This fellow is too clever by half for me.
Dieser Kerl ist mir viel zu gerissen.

HAND – to be hand in glove (with s.o.)
1. sich (mit j-m) gut verstehen, ein Herz und eine Seele (mit j-m) sein:

They were hand in glove, the old man and his brother.
Sie verstanden sich gut, der alte Mann und sein Bruder.

2. mit j-m Hand in Hand (od. zusammen)arbeiten, (mit j-m) unter einer Decke stecken:

Some policemen are said to be working hand in glove with the gangsters.
Es heißt, daß einige Polizisten mit den Verbrechern unter einer Decke stecken.

HAND – to change hands
den Besitzer wechseln, in andere Hände übergehen:

This house has changed hands recently.
Dieses Haus hat vor kurzem den Besitzer gewechselt.

– to give (od. **lend**) **s.o. a hand (with s.th.)**
j-m (bei etw.) helfen, behilflich sein, zur Hand gehen:

Could you lend me a hand with the packing, please?
Könntest du mir bitte beim Einpacken helfen?

– you have got to hand it to s.o. *(sl.)*
das muß man ihm (ihr usw.) lassen:

You've got to hand it to her; she's the best-organised person in the office.
Das muß man ihr lassen; sie ist die am besten organisierte Person im Büro.

– to hand s.th. in
abgeben:

Excuse me, sergeant, has anyone handed in a black wallet? I lost it in the park, I think.
Entschuldigung, Herr Wachtmeister, hat jemand eine schwarze Brieftasche abgegeben? Ich glaube, ich habe sie im Park verloren.

– to have (od. **get, gain**) **the upper hand (of s.o.)**
die Oberhand (über j-n) haben, gewinnen:

In their struggle for sales, the British firm gained the upper hand and the French firm resigned itself to second place.
Im Kampf um Verkaufszahlen gewann die britische Firma die Oberhand, und die französische Firma gab sich mit dem zweiten Platz zufrieden.

– to put (od. **lay**) **one's hand(s) on s.th.**
1. etw. finden:

I can't put my hands on the book at the moment.
Ich kann das Buch im Augenblick nicht finden.

2. etw. erwischen (od. in die Finger kriegen):

Don't let him lay his hands on those cigarettes!
Paß auf, daß er die Zigaretten dort nicht in die Finger kriegt.

– to throw in one's hand
aufgeben, sich für geschlagen erklären:

Harry disliked the pressure in his old firm so much that he threw in his hand. He works for the competition now.
Harry konnte den Streß in seiner alten Firma so wenig leiden, daß er das Handtuch geworfen hat. Jetzt arbeitet er für die Konkurrenz.

– to turn one's hand to s.th. *(colloq.)*
sich einer Sache zuwenden:

Edward is a clever boy who can turn his hand to anything.
Edward ist ein kluger Junge, der alles mögliche kann.

– to wash one's hands of s.th. (od. s.o.)
mit einer Sache (od. j-m) nichts zu tun haben wollen, seine Hände in Unschuld waschen:

When they realized what they had done, they all tried to wash their hands of it.
Als sie merkten, was sie angerichtet hatten, wollte es keiner gewesen sein.

I completely disagree with your decision. I wash my hands of the whole business. Goodbye.
Ich bin absolut gegen Ihre Entscheidung. Ich lehne jede Verantwortung dafür ab. Auf Wiedersehen.

HANDOUT – to give s.o. a handout *(sl.)*
j-m Almosen geben:

I don't want you to give me a handout. I want an honest job.
Ich brauche von Ihnen keine Almosen. Ich möchte eine ehrliche Arbeit.

HANDY – to come in handy *(colloq.)*
(sehr) gelegen kommen, wie gerufen kommen, nützlich sein:

Don't throw that empty box away. It might come in handy some time.
Wirf die leere Schachtel nicht weg. Vielleicht können wir sie noch einmal gut gebrauchen.

HANG – to hang about (od. **out** od. **around**)
herumlungern:

There are always a dozen kids hanging about in the precinct. There aren't any jobs for them to do in this town.
Es gibt immer ein Dutzend Jugendliche, die im Einkaufszentrum herumlungern. Es gibt für sie in dieser Stadt keine Arbeitsplätze.

– to hang on (to s.th.) *(colloq.)*
1. dableiben, warten:

If I were you, I'd hang on here. They'll probably be here any minute.
Wenn ich Sie wäre, würde ich hier warten. Sie werden wahrscheinlich gleich hier sein.

2. festhalten, behalten:

You should hang on to that old clock. It'll be worth a lot of money in a few years.
Du solltest die alte Uhr behalten. In einigen Jahren wird sie viel Geld wert sein.

HARD – hard to come by
schwer zu bekommen, rar:

I've broken the rear lamp on my motorbike. It's a real nuisance because they are very hard to come by for such an old model.
Ich habe die Schlußleuchte an meinem Motorrad kaputtgemacht. Das ist sehr ärgerlich, weil sie bei solch einem alten Modell sehr schwer zu bekommen sind.

– to be hard up (for s.th.) *(colloq.)*
knapp (bei Kasse) sein:

She was constantly hard up (for money).
Sie war ständig pleite.

– to learn s.th. the hard way
etw. am eigenen Leib erfahren, Lehrgeld für etw. bezahlen müssen:

Parents often won't see that their children must learn certain things in life the hard way.
Eltern wollen oft nicht einsehen, daß ihre Kinder ihre eigenen bitteren Erfahrungen mit bestimmten Dingen im Leben machen müssen.

HARD-TO-GET – to play hard-to-get
sich zieren:

You won't get a date with Joan. She always plays hard-to-get.
Joan wird sich nie mit dir verabreden. Sie ziert sich immer so.

HASH – to make a hash of s.th. *(sl.)*
etw. verpfuschen, „verpatzen", „vermasseln":

The poor girl made rather a hash of her life when she married this man.
Die Ärmste hat ihr Leben ziemlich verpfuscht, als sie diesen Mann heiratete.

HAT – at the drop of a hat
ohne weiteres, auf der Stelle:

I'd marry you at the drop of a hat if you'd have me.
Ich würde dich auf der Stelle heiraten, wenn du mich nehmen würdest.

HATCHET – to bury the hatchet
das „Kriegsbeil begraben", (wieder) Frieden schließen:

Let's bury the hatchet and be friends again!
Laßt uns das Kriegsbeil begraben und wieder Freunde sein!

HAVE – to be had *(sl.)*
„übers Ohr gehauen werden":

He was convinced he'd got a bargain. I felt quite miserable when I told him that he'd been had.
Er war überzeugt, daß er ein gutes Geschäft gemacht hatte. Ich kam mir richtig gemein vor, als ich ihm sagte, daß man ihn übers Ohr gehauen hatte.

Let's bury the hatchet and be friends again!

– to have had it *(sl.)*
am Ende sein, verloren sein, ausgespielt haben:

Don't think you're going to get any money from me! You've had it!
Glaub nicht, daß du von mir Geld bekommst! Da kannst du lange warten.

– to have it in for s.o. *(colloq.)*
j-n „auf dem Kieker haben", es auf j-n abgesehen haben:

He thinks the police have it in for all foreigners.
Er glaubt, daß die Polizei es auf alle Ausländer abgesehen hat.

– to have it out with s.o. *(colloq.)*
eine Sache ausdiskutieren:

The next time she comes here, I must have the whole matter out with her.
Wenn sie das nächste Mal wieder herkommt, muß ich die Angelegenheit mit ihr ausdiskutieren.

– to have what it takes *(sl.)*
das Zeug dazu haben:

His son has what it takes to be a good doctor.
Sein Sohn hat das Zeug zu einem guten Arzt.

– to let s.o. have it *(sl.)*
es j-m geben, besorgen:

I'll let those children have it. They've broken the window with their football.
Die Kinder können was erleben; sie haben das Fenster mit ihrem Fußball eingeworfen.

HAY – to make hay while the sun shines
das Eisen schmieden, solange es heiß ist:

The boss is in a very generous mood today, so we should make hay while the sun shines and ask him for a rise.
Der Chef hat heute seinen großzügigen Tag; wir sollten die Gelegenheit nützen und ihn um eine Gehaltserhöhung bitten.

HAYWIRE – to go haywire *(colloq.)*
(völlig) überschnappen, aus dem Häuschen geraten, verrückt spielen:

The football team went haywire after winning the world cup.
Die Fußballmannschaft geriet völlig aus dem Häuschen, als sie die Weltmeisterschaft gewann.

During the earthquake, magnetic compasses didn't work and radios went haywire.
Während des Erdbebens funktionierten die Kompasse nicht, und die Radios spielten verrückt.

HEAD – head over heels
1. kopfüber:

He fell head over heels into the water.
Er fiel kopfüber ins Wasser.

2. bis über beide Ohren:

He was head over heels in love.
Er war verliebt bis über beide Ohren.

– to be head and shoulders above s.o.
j-m haushoch (od. weit) überlegen sein:

In mathematics he was head and shoulders above all the others.
In Mathematik war er allen anderen weit überlegen.

– to be off one's head *(sl.)*
verrückt, übergeschnappt, nicht ganz bei Trost sein:

You must be off your head to give up this post.
Du bist wohl verrückt geworden, daß du diesen Posten aufgibst.

– to be unable to make head or tail of s.th.
aus etw. nicht schlau werden, mit etw. nicht klarkommen:

I can't make head or tail of this picture.
Ich habe nicht die geringste Ahnung, was dieses Bild bedeuten soll.

– to keep one's head above water
sich (finanziell) über Wasser halten:

The owner of the business has suffered great losses recently and is now trying desperately to keep his head above water.
Der Geschäftsmann hat in der letzten Zeit schwere Verluste erlitten und versucht jetzt verzweifelt, sich finanziell über Wasser zu halten.

– to put our (od. **your** usw.) **heads together** *(colloq.)*
die Köpfe zusammenstecken, sich (gemeinsam) beraten, beratschlagen:

They put their heads together, and thought out a scheme to kill him.
Sie berieten gemeinsam und schmiedeten einen Plan, wie sie ihn töten könnten.

– to take it into one's head to do s.th. *(colloq.)*
sich in den Kopf setzen, etw. zu tun:

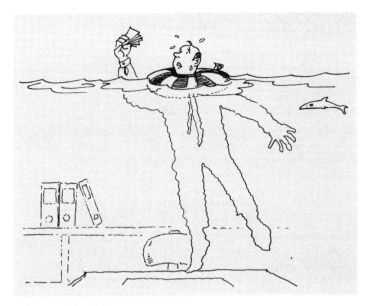

to keep one's head above water

He took it into his head to swim the Channel in mid-winter.
Er hat es sich in den Kopf gesetzt, mitten im Winter den Ärmelkanal zu durchschwimmen.

– to talk over (od. **above**) **s.o.'s head**
zu hoch für j-n sprechen:

The speaker talked over the heads of the audience.
Was der Redner sagte, war zu hoch für die Zuhörer.

HEADACHE – to be a headache *(sl.)*
problematisch sein, Kopfzerbrechen bereiten:

Large dogs in small flats can be a headache.
Große Hunde in kleinen Wohnungen können sehr problematisch sein.

HEART – after s.o.'s (own) heart
ganz nach j-s Geschmack:

She's a girl after my own heart.
Sie ist ein Mädchen ganz nach meinem Geschmack.

– have a heart
sei ein Mensch (od. so nett), hab Erbarmen:

Can you mend the outside light now? – Have a heart. I've only just come in from work.
Kannst du die Außenlampe jetzt reparieren? – Sei so nett. Ich komme gerade von der Arbeit.

– to have one's heart in one's mouth
zu Tode erschrocken sein:

The little girl was knocked down by a car, and I had my heart in my mouth until I saw her get up.
Das kleine Mädchen wurde von einem Auto angefahren, und das Herz schlug mir bis zum Halse, bis ich sah, wie sie wieder aufstand.

HEAT – in the heat of the moment
im Eifer des Gefechts:

I apologise. I didn't mean it. I just said it in the heat of the moment.
Ich bitte um Entschuldigung. Das habe ich nicht so gemeint. Ich habe es nur im Eifer des Gefechts gesagt.

HEEL – to dig one's heels in
sich stur stellen, sich „auf die Hinterbeine stellen":

Joan said at the beginning she wasn't going to take part. She dug her heels in and nobody could change her mind.
Joan sagte von Anfang an, daß sie nicht die Absicht hätte teilzunehmen. Sie stellte sich stur, und niemand konnte sie umstimmen.

– to kick one's heels *(colloq.)*
müßig herumstehen, ungeduldig warten, Däumchen drehen:

He was kicking his heels waiting for the postman.
Er stand herum und wartete ungeduldig auf den Briefträger.

HIT – to hit it off (with s.o.) *(sl.)*
gut (mit j-m) auskommen, sich gut (mit j-m) verstehen:

It's such a pity Peter and Jane don't hit it off together.
Es ist so schade, daß Peter und Jane sich nicht verstehen.

– to hit (s.o.) below the belt
sich unfair (gegen j-n) verhalten, j-m einen Schlag unter die Gürtellinie versetzen:

To refer to his private affairs in public was hitting below the belt.
Es war unfair, auf seine privaten Angelegenheiten in aller Öffentlichkeit anzuspielen.

– to hit the ceiling (od. **roof**) *(sl.)*
„an die Decke gehen", „explodieren":

He hadn't been in the best of moods anyway, but when his wife told him that she had smashed the car, he hit the ceiling.
Er war ohnehin nicht in der besten Stimmung, und als seine Frau ihm dann auch noch erzählte, daß sie das Auto zu Schrott gefahren habe, ging er an die Decke.

HOG – to hog s.th. *(sl.)*
etw. an sich raffen, in Beschlag nehmen:

I hate it when people in pubs hog the fire.
Ich hasse es, wenn Menschen in Kneipen den Platz am Kamin ganz in Beschlag nehmen.

HOLD – (not) to hold water
(nicht) stichhaltig sein (od. stimmen):

Your theory won't hold water. It has been exposed as false again and again.
Deine Theorie stimmt nicht. Sie hat sich immer wieder als falsch erwiesen.

– (not) to hold with s.th.
mit etw. (nicht) einverstanden sein, etw. (nichts) von etw. halten, (nicht) für etw. sein:

I don't hold with beating children.
Ich halte nichts davon, Kinder zu prügeln.

– to hold good
gültig sein, gelten:

My promise to come next Sunday still holds good.
Mein Versprechen, am nächsten Sonntag zu kommen, gilt immer noch.

HOLLOW – to beat s.o. (od. **s.th.**) **hollow**
j-n haushoch (od. locker) schlagen, in die Tasche stecken:

Over fifty miles my car would beat your car hollow. I'd arrive a quarter of an hour before you.
Über eine Strecke von fünfzig Meilen würde mein Auto deins haushoch schlagen. Ich würde fünfzehn Minuten vor dir ankommen.

HOME – to bring (od. **drive**) **s.th. home to s.o.**
j-m etw. klarmachen, bewußt machen:

The punishment ought to bring home to him the folly of this action.
Die Strafe sollte ihm eigentlich bewußt machen, wie töricht er gehandelt hatte.

HOOK – to get (od. **let**) **s.o. off the hook** *(colloq.)*
j-n entlasten:

John told the boss it was his fault. So that lets me off the hook.
John hat dem Chef gesagt, daß es sein Fehler war. Damit bin ich aus dem Schneider.

HORSE – (straight) from the horse's mouth
aus erster Hand, aus erster Quelle:

I've had the news straight from the horse's mouth.
Ich habe die Nachricht aus erster Hand.

– to back the wrong horse
aufs falsche Pferd setzen:

Those who voted for that candidate may now find that they have backed the wrong horse.
Diejenigen, die für den Kandidaten gestimmt haben, sehen jetzt vielleicht ein, daß sie aufs falsche Pferd gesetzt haben.

HOT – to be in (od. get [s.o.] into) hot water
in der Klemme (od. in Teufels Küche) sein, sich (od. j-n) in Teufels Küche bringen:

His indiscreet snapshots soon got him into hot water.
Seine indiskreten Schnappschüsse brachten ihn bald in Teufels Küche.

– to talk a lot of hot air *(colloq.)*
viel leeres Gerede (od. dummes Zeug) von sich geben:

Don't take any notice of him! He talks nothing but a lot of hot air.
Beachte ihn nicht! Er redet nur dummes Zeug.

HOUSE – to get on with s.o. like a house on fire
sich mit j-m glänzend verstehen:

Joan and Harry get on like a house on fire. I wouldn't be surprised if they got married.
Joan und Harry verstehen sich glänzend. Es würde mich nicht wundern, wenn sie heiraten würden.

– to set (od. put) one's house in order
vor der eigenen Tür kehren:

Before criticizing others you should set your own house in order.
Bevor du andere kritisierst, solltest du erst einmal vor deiner eigenen Tür kehren.

HUMP – to have (od. give s.o.) the hump
schlechte Laune haben (od. j-m die Laune verderben):

Our daughter seems to have the hump this morning.
Unser Fräulein Tochter scheint heute morgen schlechter Laune zu sein.

I

IN – to be in for s.th. *(sl.)*
etw. zu erwarten haben, sich auf etw. gefaßt machen:

She heard what you said about her. Now you're in for it.
Sie hörte, was du über sie sagtest. Jetzt geht's dir an den Kragen!

We are in for an unwelcome surprise.
Eine unangenehme Überraschung steht uns bevor.

– to be (od. **let s.o.**) **in on s.th.** *(colloq.)*
(j-n) an etw. beteiligt sein (lassen), j-n in etw. einweihen:

I'd be pleased if you could let me in on the secret. I definitely won't tell anyone.
Ich wäre froh, wenn du mich in das Geheimnis einweihen würdest. Ich werde es bestimmt niemandem erzählen.

INS – to know the ins and outs of s.th.
etw. in allen Einzelheiten (od. Feinheiten) kennen, etw. in- und auswendig (od. durch und durch) kennen:

He knew all the ins and outs of his job.
Er kannte sich in seinem Beruf ganz genau aus.

INTO – to be (od. **get**) **(heavily) into s.th.** *(sl.)*
sich sehr für etw. interessieren, auf etw. „stehen":

John is heavily into model railways. That's all he ever talks about.
John steht total auf Modelleisenbahnen. Das ist sein einziges Gesprächsthema.

J

JACKPOT – to hit the jackpot
das große Los ziehen, Glück haben:

That fellow hit the jackpot when he bought those shares.
Der Bursche hat das große Los gezogen, als er diese Aktien kaufte.

JIFFY – to be back in a jiffy *(sl.)*
gleich wieder zurück sein:

I must make a phone call. Can you order me a coffee? I'll be back in a jiffy.
Ich muß mal telefonieren. Bestellst du mir einen Kaffee? Ich bin gleich wieder da.

JOB – a good job *(colloq.)*
ein Glück, daß …:

It's a good job it isn't raining. I'm wearing a new suit.
Ein Glück, daß es nicht regnet. Ich habe einen neuen Anzug an.

– to be on the job *(colloq.)*
bei der Arbeit sein:

He's right on the job day and night.
Er ist Tag und Nacht voll bei der Arbeit.

JOIN – to care to join s.o.
sich zu j-m setzen mögen, sich j-m anschließen mögen:

Good evening. Are you alone? Would you care to join us?
Guten Abend. Sind Sie alleine hier? Möchten Sie sich zu uns setzen?

JOINT – to put s.o.'s nose out of joint *(sl.)*
j-n beleidigen, kränken, vor den Kopf stoßen:

I'm afraid I really put your sister's nose out of joint. I asked her if she was wearing a wig.
Ich fürchte, ich habe deine Schwester schwer beleidigt. Ich fragte sie, ob sie eine Perücke trägt.

JUICE – to stew in one's own juices
im eigenen Saft schmoren, mit einem Problem allein gelassen werden:

You can't help Bob when he's feeling sorry for himself like this. Just leave him to stew in his own juices.
Man kann Bob nicht helfen, wenn er sich so bemitleidet. Laß ihn im eigenen Saft schmoren.

JUMP – to jump at s.th. *(colloq.)*
sich auf etw. stürzen, sofort auf etw. eingehen (od. bei etw. zugreifen):

When I showed my willingness to give her £1000 as a loan she jumped at the offer.
Als ich mich bereit zeigte, ihr 1000 Pfund als Darlehen zu geben, ging sie sofort auf mein Angebot ein.

– to jump to conclusions
voreilige Schlüsse ziehen, vorschnell urteilen:

Instead of jumping to conclusions you should rather try to get further evidence.
Statt voreilige Schlüsse zu ziehen, solltet ihr lieber versuchen, weiteres Beweismaterial zu bekommen.

K

KEEN – to be keen on s.th. (od. **s.o.**) (od. **doing** [od. **to do**] **s.th.**)
(colloq.)
für etw. (od. j-n) schwärmen, etw. (od. j-n) mögen, viel für etw. (od. j-n) übrig haben:

Bob is keen on Joan. He spends all his free time with her.
Bob schwärmt für Joan. Seine ganze Freizeit verbringt er mit ihr.

Joan is keen on travelling. She has been all over the world.
Joan schwärmt fürs Reisen. Sie ist schon überall auf der Welt gewesen.

I haven't had any experience in flying yet, but I'm keen to try.
Ich bin bis jetzt noch nicht geflogen, aber ich möchte es wirklich gerne einmal ausprobieren.

KEEP – to keep abreast of (od. **with**) **s.th.**
1. mit etw. Schritt halten:

We try to keep abreast of all modern improvements.
Wir versuchen, mit allen modernen Neuerungen Schritt zu halten.

2. über etw. auf dem laufenden bleiben, sich über etw. auf dem laufenden halten:

As a scientist he must keep abreast with related work in his field.
Als Wissenschaftler muß er sich über die einschlägige Forschungsarbeit auf seinem Gebiet auf dem laufenden halten.

– to keep coming back to s.th.
auf etw. beharren:

I keep coming back to my argument about hunting. You haven't refuted my point yet.
Ich muß auf meinem Argument bezüglich der Jagd beharren. Sie haben meinen Punkt noch nicht widerlegt.

– to keep going
dran bleiben, weitermachen:

Don't stop studying now. Keep going to the end. You're nearly finished.
Hör doch jetzt nicht mit dem Studium auf. Bleib bis zum Ende dran. Du bist fast fertig.

 – to keep in with s.o. *(colloq.)*
sich j-n warmhalten, sich gut mit j-m stellen, es nicht mit j-m verderben:

He may be useful to you some day. Try to keep in with him.
Er kann dir eines Tages nützlich sein. Versuch, ihn dir warmzuhalten!

 – to keep one's chin (od. **pecker**) **up**
den Mut nicht sinken lassen, die Ohren steifhalten:

Keep your pecker up, Tommy! It won't hurt.
Kopf hoch, Tommy! Es wird schon nicht weh tun!

 – to keep one's fingers crossed
die Daumen halten (od. drücken):

We've got an exam to do today. Keep your fingers crossed for me!
Wir schreiben heute eine Prüfungsarbeit. Halt mir die Daumen!

 – to keep up with the Joneses
mit j-m mithalten (od. Schritt halten), es j-m gleichtun:

They spend a lot of money on their new house just to keep up with the Joneses.
Sie geben eine Menge Geld für ihr neues Haus aus, nur um mit ihren Nachbarn mithalten zu können.

KICK – to do s.th. for kicks *(sl.)*
etw. nur zum Spaß (od. aus reinem Vergnügen) tun:

They go climbing for kicks, not as a serious sport.
Sie gehen nur zu ihrem Vergnügen bergsteigen, nicht als ernsthaften Sport.

 – to get a kick out of s.th. *(sl.)*
einen Riesenspaß an etw. haben:

to kick s.o. upstairs

They got a great kick out of this music.
Diese Musik hat ihnen riesigen Spaß gemacht.

– to kick s.o. upstairs *(sl.)*
j-n befördern:

Lucky Jim. They've kicked him upstairs. He's the General Manager now.
Jim ist ein Glückspilz. Man hat ihn befördert. Jetzt ist er Geschäftsführer.

– to kick up a fuss (od. stärker: **shindy, row, rumpus**) *(colloq.)*
Krach schlagen (od. machen), Lärm schlagen:

If you don't stop the nuisance I shall go to the police and kick up a row about it.
Wenn Sie nicht mit dem Unfug aufhören, werde ich zur Polizei gehen und Krach schlagen.

KID – to kid (s.o.) *(colloq.)*
Spaß machen, j-n veräppeln:

Don't take what I said about that too seriously. I was just kidding.
Nimm es nicht zu ernst, was ich dir darüber erzählte. Ich habe nur Spaß gemacht.

I kid you not.
Ohne Spaß.

KIND – one (od. two) of a kind
einmalig (od. zwei vom gleichen Schlag, die sich gesucht und gefunden haben):

This statue is one of a kind. At least, I've never seen one like it.
Diese Statue ist einmalig. Ich habe zumindest so eine noch nie gesehen.

Joan and Harry are two of a kind. They like exactly the same things.
Joan und Harry haben sich gesucht und gefunden. Sie mögen haargenau die gleichen Dinge.

KNIT – to knit one's brow(s)
die Stirn runzeln:

He sat there knitting his brow in thought.
Er saß da und runzelte gedankenvoll die Stirn.

KNOCK – (not) to knock s.th. (od. **s.o.**) *(sl.)*
etw. (od. j-n) (nicht) kritisieren (od. madig machen):

If you've never tried it, don't knock it.
Wenn Sie es noch nie probiert haben, kritisieren Sie es nicht.

– to knock off *(sl.)*
Feierabend machen, (mit der Arbeit) aufhören:

On Saturday they knock off at 12.
Samstags machen sie um 12 Uhr Schluß.

– to knock s.o. (od. **s.th.**) **into a cocked hat**
1. j-m (od. einer Sache) weitaus überlegen sein, j-n (od. etw.) weit übertreffen (od. in den Schatten stellen):

This last novel of his is so good it knocks all his other ones into a cocked hat.
Dieser letzte Roman von ihm ist so gut, daß daneben all seine anderen verblassen.

2. j-n (od. etw.) „in den Sack stecken", j-m haushoch überlegen sein:

Their football team can knock any other team into a cocked hat.
Ihre Fußballmannschaft ist jeder anderen Mannschaft haushoch überlegen.

– **to knock the stuffing out of s.o.**
j-n „platt" sein lassen, j-n umhauen:

When David told me that he had lost all his money in a poker game, it knocked the stuffing out of me.
Als David mir erzählte, daß er beim Pokerspielen alles verloren hätte, war ich platt.

– **you could have knocked me down with a feather**
da war ich einfach platt!, das war vielleicht eine Überraschung!:

It was such a surprise to see her in a nightclub, you could have knocked me down with a feather!
Es war eine solche Überraschung, sie in einem Nachtklub zu sehen; ich war einfach platt!

KNOCK-ON – knock-on effect
Kettenreaktion:

When electricity prices go up, this has a knock-on effect; everything else becomes more expensive because everyone uses electricity.
Wenn die Strompreise ansteigen, gibt es eine Kettenreaktion; alles andere wird teurer, weil jeder Strom verbraucht.

KNOW – to be in the know *(colloq.)*
Bescheid wissen, sich auskennen, im Bilde sein:

You'd better ask the manager himself about that project to establish a new branch office. He's the only one who is officially in the know.
Fragen Sie besser den Direktor selbst wegen des Plans, eine neue

Filiale zu errichten. Er ist der einzige, der offiziell darüber Bescheid weiß.

– to know the ropes
sich auskennen:

Let him act as chairman, as he knows the ropes.
Er soll den Vorsitz führen, weil er sich auskennt.

– to know which side one's bread is buttered on
wissen, wo seine Interessen liegen (od. wo was zu holen ist):

The author knew which side his bread was buttered on, and kept his mouth shut.
Der Schriftsteller wußte, wo seine Interessen lagen, und hielt deshalb den Mund.

L

LAID – laid-back *(sl.)*
locker, gelassen, „cool":

I think you'll like working here. The boss is very laid-back and doesn't worry about unimportant things like wearing suits.
Ich glaube, Sie werden hier gerne arbeiten. Der Chef ist ganz locker und macht sich wegen unwichtiger Dinge wie Anzüge tragen keine Gedanken.

LAST – last but not (od. **by no means**) **least**
nicht zuletzt, nicht zu vergessen:

We've invited Harry, Joan, Jim and David and last but not least the boss.
Wir haben Harry, Joan, Jim und David eingeladen und nicht zu vergessen den Chef.

LAUGH – just for laughs *(colloq.)*
nur zum Spaß, aus blankem Unsinn:

The gang beat the boy up just for laughs.
Die Bande schlug den Jungen nur so zum Spaß zusammen.

– s.o. laughs on the other side of his (od. **her**) **face**
j-m vergeht das Lachen:

When you come home, you'll laugh on the other side of your face!
Wenn du nach Hause kommst, wird dir das Lachen schon vergehen!

LEAD – to lead s.o. up the garden path
j-n an der Nase herumführen, j-n hereinlegen, j-n „auf den Arm nehmen":

Don't believe him! He's leading us up the garden path.
Glaubt ihm nicht! Er führt uns nur an der Nase herum.

LEAF – to turn over a new leaf
ein neues Leben beginnen, einen neuen Anfang machen:

She has turned over a new leaf and is no longer involved in any scandals.
Sie hat ein neues Leben begonnen und ist nicht mehr in Skandalgeschichten verwickelt.

LEAN – to lean over backward(s) to do s.th. *(colloq.)*
sich fast umbringen (od. sich die größte Mühe geben) (od. ein Bein ausreißen), etw. zu tun:

He is leaning over backwards to make us feel at home.
Er gibt sich alle Mühe, daß wir uns wie zu Hause fühlen.

LEAP – by leaps and bounds
sprunghaft, außerordentlich schnell (od. rasch):

The population is increasing by leaps and bounds.
Die Bevölkerung wächst sprunghaft an.

LEAVE – leave it out! *(sl.)*
niemals!, kommt nicht in Frage!, mach' mal halblang:

And I want you to wait outside and look after the car. – Leave it out, it's raining!
Und ich möchte, daß du draußen wartest und auf das Auto aufpaßt. – Kommt nicht in Frage, es regnet doch!

– to leave no stone unturned
nichts unversucht lassen, alle Hebel in Bewegung setzen:

The parents left no stone unturned in their attempts to trace their missing son.
Die Eltern ließen nichts unversucht, um eine Spur von ihrem verschwundenen Sohn zu finden.

– to leave s.o. in the lurch
j-n im Stich lassen (od. hängenlassen):

We cannot leave him in the lurch like this.
Wir können ihn in dieser Situation nicht im Stich lassen.

– to leave s.o. out in the cold
j-n ausschließen (od. übergehen, übersehen, unbeachtet lassen):

In this plan, old-age pensioners are left out in the cold.
Bei diesem Plan bleiben die Rentner völlig unberücksichtigt.

LEG – not to have a leg to stand on
geliefert sein, keine Entschuldigung für etw. haben:

When the police found the stolen things in Fred's garage, he didn't have a leg to stand on.
Als die Polizei die gestohlenen Sachen in Freds Garage fand, war er geliefert.

– to be on one's last legs
auf dem letzten Loch pfeifen, am Ende sein, es nicht mehr lange machen:

Poor old Smith has got pneumonia. I'm afraid he's on his last legs.
Der arme alte Smith hat eine Lungenentzündung. Ich fürchte, jetzt geht es mit ihm zu Ende.

to leave s.o. out in the cold

This car is on its last legs. There's rust all over the bodywork.
Dieses Auto pfeift auf dem letzten Loch. Die Karosserie ist völlig verrostet.

LET – let alone
geschweige denn, ganz zu schweigen von, abgesehen von:

I can't take five people in my car, let alone your dog and all that luggage.
Ich darf keine fünf Leute in meinem Auto mitnehmen, geschweige denn noch Ihren Hund und das ganze Gepäck.

– to let on *(sl.)*
verraten, preisgeben:

I've bought Harry a new lawn-mower, but don't let on to him. It's going to be a surprise.
Ich habe Harry einen neuen Rasenmäher gekauft, aber kein Wort zu ihm. Es soll eine Überraschung sein.

– to let s.o. down
j-n im Stich lassen:

I'm sorry to let you down like this but I can't come to your party after all.
Es tut mir leid, dich so im Stich lassen zu müssen, aber ich kann doch nicht zu deiner Fete kommen.

– to let s.o. in for s.th.
j-m etw. einbrocken (od. aufhalsen):

He got let in for paying the bill for the lot of them.
Es blieb an ihm hängen, für sie alle die Rechnung zu bezahlen.

– to let s.o. off (with s.th)
j-m verzeihen, j-n davonkommen (od. j-m etw. durchgehen) lassen:

I'm going to let you off this time, but don't do it again.
Ich lasse Sie diesmal laufen, aber machen Sie es nicht noch mal.

The police caught me speeding but they let me off with a warning.
Die Polizei hat mich erwischt, als ich zu schnell fuhr, aber sie ließen mich mit einer Warnung davonkommen.

LIE – to lie low
sich versteckt halten, sich nicht rühren, „untertauchen":

It is better to lie low until this affair blows over.
Es ist besser, sich nicht zu rühren, bis über diese Angelegenheit Gras gewachsen ist.

LIFE – for life
lebenslänglich, auf Lebenszeit:

John had an accident on his motorbike and now he is crippled for life.
John hatte einen Motorradunfall, und jetzt ist er für immer behindert.

– for the life of me
um alles in der Welt, so sehr ich mich (auch) bemühe, beim besten Willen:

For the life of me I couldn't remember her name.
Ich konnte mich um alles in der Welt nicht an ihren Namen erinnern.

– not on your life!
nie und nimmer!, keinesfalls!, auf (gar) keinen Fall!:

I couldn't do a thing like that. Not on your life!
Ich könnte so etwas nicht tun. Nie im Leben!

LIFT – not to lift a finger
keinen Finger rühren, krumm machen (um etw. zu tun):

She never lifts a finger to help me.
Sie rührt nie einen Finger, um mir zu helfen.

– to give s.o. a lift
j-n (im Auto) mitnehmen:

My car's being repaired. Can you give me a lift?
Mein Auto ist in der Werkstatt. Kannst du mich mitnehmen?

LIGHT – to cast (od. **throw, shed**) **some light on s.th.**
etw. aufklären, Licht in eine Sache bringen:

Can you cast some light on this? I've found an old contract with my name on it.
Können Sie helfen, dies aufzuklären? Ich habe einen alten Vertrag gefunden, in dem mein Name steht.

– to make light of s.th.
etw. auf die leichte Schulter nehmen:

Don't make light of this cold.
Nimm diese Erkältung nicht auf die leichte Schulter!

LIGHTEN – to lighten up *(sl.)*
sich entspannen, etw. nicht so ernst nehmen:

Do you have to talk about problems at work all the time? Lighten up. Talk about something pleasant.
Mußt du die ganze Zeit über Probleme bei der Arbeit reden? Nimm's nicht so ernst. Rede über etwas Angenehmes.

LIKE – ... like *(sl.)*
oder so:

They live in a windmill, like.
Sie wohnen in einer Art Windmühle.

– that's just like s.o.
das sieht ... ähnlich!, typisch ...!:

She's late again. That's just like her!
Sie kommt wieder zu spät. Das sieht ihr ähnlich!

– that's more like it!
das läßt sich schon eher hören!, damit kommen wir der Sache schon näher!:

They are offering us £2000 now. – That's more like it!
Sie bieten uns jetzt 2000 Pfund. – Das läßt sich schon eher hören!

LINE – to put (od. **lay**) **s.th. on the line** *(sl.)*
Tacheles (od. Klartext) reden:

Listen, I'm going to put it on the line for you: your work isn't good enough. Carry on like this and you'll lose your job.
Hören Sie zu, ich werde mit Ihnen Klartext reden: Ihre Arbeit ist unbefriedigend. Wenn Sie so weitermachen, verlieren Sie Ihre Stelle.

– (way) out of line *(sl.)*
(absolut) nicht in Ordnung, daneben, nicht akzeptabel, fehl am Platz:

That was way out of line, Bob. You can't behave like that in public.
Das war völlig daneben, Bob. So benimmt man sich nicht in der Öffentlichkeit.

LIVE – to live it up *(colloq.)*
„auf die Pauke hauen", sich ein schönes Leben machen:

He inherited a fortune two years ago and has been living it up ever since.
Vor zwei Jahren hat er eine reiche Erbschaft gemacht, und seitdem lebt er in Saus und Braus.

LOCAL – local (pub) *(colloq.)*
Stammkneipe:

Yes, I know who that is. He's a regular at my local.
Ja, ich weiß, wer das ist. Er ist regelmäßig in meiner Stammkneipe.

LOCK – lock, stock, and barrel
ganz und gar, mit allem Drum und Dran:

He took over the duties of his predecessor, lock, stock, and barrel.
Er übernahm die Amtsgeschäfte seines Vorgängers mit allem, was dazugehörte.

LONG – a long shot
nur eine Vermutung:

This is a bit of a long shot but I think there were about five thousand people there.
Ich kann nur raten, aber ich schätze, es waren ungefähr fünftausend Menschen dort.

– (not) by a long chalk (od. **shot**) *(colloq.)*
1. bei weitem:

Our new flat is more comfortable than the old one, by a long chalk.
Unsere neue Wohnung ist bei weitem gemütlicher als die alte.

2. bei weitem nicht:

He isn't the chairman yet – not by a long shot.
Vorsitzender ist er noch nicht – noch lange nicht.

– the long and the short of it is ...
kurzum, der langen Rede kurzer Sinn, kurz gesagt:

He's in difficulties. Well, the long and the short of it is he's nearly bankrupt.
Er steckt in Schwierigkeiten. Also kurzum, er ist fast pleite.

LOOK – to look down upon (od. **down one's nose at**) **s.o.**
über j-n die Nase rümpfen, verächtlich auf j-n herabsehen:

They were snobs. They looked down upon their neighbours.

They were snobs. They looked down upon their neighbours.
Sie waren Snobs. Sie schauten verächtlich auf ihre Nachbarn herunter.

– to take (od. **have**) **a look at s.th.**
etw. anschauen:

David, come and have a look at the way John has built this wall. It's very professional.
David, komm und schau dir an, wie John diese Mauer gebaut hat. Sie ist sehr professionell gemacht.

LOOSE – to be at a loose end
1. nichts zu tun haben, keine Arbeit haben, Zeit haben:

Give me a ring if you are at a loose end this afternoon.
Ruf mich an, wenn du heute nachmittag gerade nichts zu tun hast!

2. nicht wissen, was man tun soll, „in der Luft hängen":

When their car broke down they found themselves stranded in a village and very much at a loose end.
Als ihr Auto kaputtging, saßen sie in einem Dorf fest und wußten nichts mit sich anzufangen.

LOSE – to lose it *(sl.)*
hinüber, „gaga" sein, es nicht mehr packen:

It was very embarrassing for everyone. I think Len has lost it. He'll never be a star again.
Es war für alle Anwesenden peinlich. Ich glaube, Len packt es nicht mehr. Er wird nie wieder ein Star sein.

LOSS – to be at a loss
in Verlegenheit sein:

This fellow is never at a loss for an answer.
Dieser Bursche ist nie um eine Antwort verlegen.

LOUD – loud and clear
klar und deutlich:

Can you hear me? – Yes, loud and clear.
Können Sie mich hören? – Ja, klar und deutlich.

LOVE – not for love nor (od. **or**) **money**
nicht für Geld und gute Worte:

She couldn't get a theatre ticket for love or money.
Nicht für Geld und gute Worte konnte sie eine Theaterkarte bekommen.

LUCKY – be (od. **stay**) **lucky** *(sl.)*
Tschüs, viel Glück:

It was nice to see you again. Stay lucky.
Es war schön, dich wiederzusehen. Viel Glück.

LUMBER – to lumber s.o. with s.th. *(sl.)*
j-n mit etw. belasten, j-m etw. aufhalsen:

I'm sorry to lumber you with this job on a Friday evening, but we must have the report by Monday morning.
Es tut mir leid, Ihnen diese Aufgabe an einem Freitagabend aufzuhalsen, aber wir müssen den Bericht Montag morgen haben.

LUMP – if you don't like it, you can (od. **may**) **lump it**
du wirst dich damit abfinden (od. in den sauren Apfel beißen) müssen:

Well, my friend, that's my last word. And if you don't like it you can lump it.
Nun, mein Lieber, das ist mein letztes Wort. Ob's dir paßt oder nicht.

LUNCH – out to lunch *(sl.)*
verrückt:

Don't listen to him. He's out to lunch. He's been like that for years.
Hör nicht auf ihn. Er ist verrückt. Er ist schon seit Jahren so.

M

MAD – as mad as a hatter
total verrückt, völlig übergeschnappt:

I know him. Sometimes he's as mad as a hatter and does the strangest things.
Ich kenne ihn. Manchmal ist er total verrückt und macht die merkwürdigsten Sachen.

MAKE – as ... as they make them *(colloq.)*
so ... „wie nur was", total ...:

That boy is as lazy as they make them.
Der Junge ist so faul wie nur was.

– to make a go of s.th. *(colloq.)*
etw. zu einem Erfolg machen, Erfolg haben mit etw.:

Her father set her up in a bookseller's business, but she couldn't make a go of it.
Ihr Vater ermöglichte es ihr, eine Buchhandlung zu eröffnen, aber sie hatte keinen Erfolg damit.

– to make it *(colloq.)*
einen Termin schaffen:

I'm giving a party on Saturday. Can you make it or are you booked up?
Ich gebe am Samstag eine Fete. Kannst du kommen, oder hast du schon etwas vor?

– to make up for s.th.
etw. ausgleichen:

Granny said on the phone she's sorry she forgot to send you a birthday present. Next time she visits us she'll give you some money to make up for it.
Oma sagte am Telefon, es täte ihr leid, daß sie vergaß, dir ein Geburtstagsgeschenk zu schicken. Wenn sie uns das nächste Mal besucht, gibt sie dir Geld als Ausgleich.

MAN – to a man
bis zum letzten Mann, Mann für Mann:

The company fought bravely and stayed at their post, to a man.
Die Kompanie kämpfte tapfer und hielt auf ihrem Posten aus, bis zum letzten Mann.

MAP – to be off the map *(colloq.)*
hinter dem Mond (od. weitab vom Schuß) liegen:

That village is rather off the map. I shouldn't like to live there.
Dieses Dorf liegt ziemlich hinter dem Mond. Ich möchte nicht dort wohnen.

That village is rather off the map.

MARK – to overstep the mark
zu weit gehen:

Kevin overstepped the mark when he parked his car in the space reserved for the boss.
Kevin ist zu weit gegangen, als er sein Auto auf dem Parkplatz abstellte, der für den Chef reserviert ist.

   – up to (od. **below** od. **wide of** od. **near**) **the mark**
gesundheitlich (nicht) auf der Höhe, (nicht) „auf dem Damm":

My sister wasn't up to the mark yesterday.
Meine Schwester war gestern nicht auf dem Damm.

MATCH – to meet (od. **find**) **one's match**
seinen Meister finden:

At last he had found his match.
Endlich hatte er seinen Meister gefunden.

MATTER – as a matter of fact
tatsächlich, eigentlich, in Wirklichkeit, um die Wahrheit zu sagen:

As a matter of fact I met him only the day before yesterday.
Tatsächlich habe ich ihn erst vorgestern getroffen.

MEAN – I mean, …
ich meine, …, nämlich:

Have you got transport? I mean, shall I drive you home?
Haben Sie eine Mitfahrgelegenheit? Ich meine, soll ich Sie nach Hause fahren?

MEDICINE – to get some (od. **a little** od. **a dose**) **of one's own medicine**
so behandelt werden, wie man die anderen behandelt:

He kept her waiting for an hour, so she got a little of her own medicine.
Er ließ sie eine Stunde warten, um es ihr mit gleicher Münze heimzuzahlen.

MEET – more than meets the eye
mehr, als man bei der ersten Begegnung sieht, tiefgründiger:

She may look innocent, but there's more to Judy than meets the eye. Wait until you know her better.
Judy sieht zwar harmlos aus, aber der erste Eindruck täuscht. Warten Sie, bis Sie sie besser kennengelernt haben.

MEND – to mend one's ways
sich (sittlich) bessern:

After a life of dissipation he has mended his ways.
Nachdem er ein ausschweifendes Leben geführt hatte, hat er sich jetzt gebessert.

MENTION – don't mention it!
bitte!, (das ist) nicht der Rede wert!; macht nichts!, ist schon gut!:

I'm so sorry to have troubled you. – Don't mention it!
Entschuldige bitte, wenn ich dich gestört habe. – Macht nichts.

MESS – mess about *(sl.)*
herumgammeln, Zeit verschwenden:

I spent most of my time at university just messing about.
Ich verbrachte die meiste Zeit auf der Universität einfach damit herumzugammeln.

– to mess s.o. (od. **s.th.**) **about** *(sl.)*
j-m die Zeit stehlen:

Please don't mess me about. I'm a busy woman. Get to the point.
Bitte stehlen Sie mir nicht die Zeit. Ich bin sehr beschäftigt. Kommen Sie zur Sache.

I don't allow my customers to mess the fruit about.
Ich lasse es nicht zu, daß meine Kunden das Obst anfassen.

– to mess s.th. up *(colloq.)*
etw. durcheinanderbringen:

Somebody has been in my office and messed up my desk. I can't find anything now.
Jemand ist bei mir im Büro gewesen und hat meinen Schreibtisch durcheinandergebracht. Jetzt finde ich nichts mehr.

MICK(E)Y – to take the mick(e)y (out of s.o. od. **s.th.)** *(colloq.)*
j-n (od. etw.) veräppeln (od. auf den Arm) nehmen:

This is a photo of Jim when he was at school. We always used to take the mickey out of him because he was so short.
Das ist ein Photo von Jim, als er noch zur Schule ging. Wir haben ihn immer veräppelt, weil er so klein war.

MIGHT – might as well
auch gleich:

Well, if you're going to borrow my CD player, you might as well take my CDs, too.
Nun, wenn du dir schon meinen CD-Player borgst, könntest du dir auch gleich meine CDs nehmen.

MIND – do you mind!
muß das sein!:

Do you mind! I was sitting in that chair.
Muß das sein! Das war mein Stuhl.

– mind you, …
andererseits, eine Einschränkung aber …, allerdings:

Joan is very easy-going with most people. Mind you, she doesn't like religious bigots.
Joan ist bei den meisten Menschen recht umgänglich. Allerdings mag sie keine religiösen Fanatiker.

– never mind
macht nichts:

I've lost my school satchel, mum. – Never mind, it was very old. I'll buy you a new one.
Mama, ich habe meinen Schulranzen verloren. – Mach dir nichts draus. Der war schon alt. Ich kaufe dir einen neuen.

– to be out of one's (od. **right** od. **tiny**) **mind**
verrückt (geworden) sein, von Sinnen sein, den Verstand verloren haben:

You must have been out of your right mind when you paid £80 for that dress.
Du mußt verrückt gewesen sein, 80 Pfund für das Kleid zu bezahlen!

– to have (got) a (good) mind to do s.th. *(colloq.)*
(große) Lust haben, etw. zu tun:

I had a good mind to send back the letter.
Ich hätte den Brief am liebsten zurückgeschickt.

– to have something in mind
eine Idee haben, etw. vorhaben (od. in petto haben):

I've got something in mind for John's birthday. How about a fancy dress party?
Ich habe eine Idee für Johns Geburtstag. Wie wäre es mit einem Kostümfest?

Would you be interested in working on a new project? – What did you have in mind? The new project for Poland?
Wären Sie daran interessiert, an einem neuen Projekt zu arbeiten? – An was haben Sie dabei gedacht? Das neue Polenprojekt?

– to make one's mind up (od. **make up one's mind**)
sich entschließen:

Shall I buy the red one or the green one? I can't make up my mind.
Soll ich den Roten oder den Grünen kaufen? Ich kann mich nicht entscheiden.

MISS – to give s.th. a miss *(colloq.)*
1. etw. auslassen, auf etw. verzichten:

I shall give this dance a miss.
Ich werde diesen Tanz auslassen.

2. die Finger von etw. lassen:

He had thought of investing money in that firm but after careful investigation he gave it a miss.
Er hatte daran gedacht, Geld in diese Firma zu investieren, aber nach einer gründlichen Prüfung ließ er die Finger davon.

– to miss the boat (od. **bus**) *(colloq.)*
den Anschluß (od. seine Chance) verpassen, zu spät kommen:

Make up your mind soon, or you'll miss the boat.
Entscheide dich schnell, sonst ist der Zug abgefahren.

MO' – just (od. **half**) **a mo'** *(colloq.)*
einen kleinen Augenblick:

Come and help me with this ladder, Harry. – Just a mo'. I'll be with you as soon as I've finished cleaning this brush.
Komm, hilf mir mit der Leiter, Harry. – Augenblick. Ich komme, sobald ich diesen Pinsel ausgewaschen habe.

MONEY – for my money
meiner Meinung nach:

to miss the boat

You can keep your Ford. For my money the best car on the road is the Rover.
Du kannst deinen Ford behalten. Meiner Meinung nach ist der Rover das beste Auto, das es gibt.

   – to put one's money where one's mouth is
zu etw. stehen, seinen (od. ihren usw.) Worten Taten folgen lassen:

Jim said he thinks the houses by the old docks are going to rise in value soon. – He should put his money where his mouth is and buy one now.
Jim meint, die Häuser am alten Hafenbecken würden bald im Wert steigen. – Er sollte seinen Worten Taten folgen lassen und jetzt eins kaufen.

MONKEY – not to give a monkey's about s.th. (od. **s.o.**) *(sl.)*
sich einen Dreck um etw. (od. j-n) scheren:

I don't give a monkey's about rules. I do what I want.
Ich schere mich einen Dreck um Regeln. Ich mache, was ich will.

MOOD – in a (good od. **bad** od. **rotten** usw.**) mood**
gut od. schlecht od. mies usw. gelaunt:

Jim is in a rotten mood this morning. Don't go into his office.
Jim ist heute morgen mies gelaunt. Geh nicht in sein Büro.

MORE – more or less
mehr oder weniger:

Am I as tall as your brother? – More or less.
Bin ich so groß wie dein Bruder? – Mehr oder weniger.

– to be more to s.th (od. **s.o.) than ...**
an etw. (od. j-m) mehr dran sein, als ..., mehr dahinterstecken als ...:

There's more to the story than that. It's very complicated.
An der Geschichte ist mehr dran. Sie ist sehr kompliziert.

MOUTH – down in the mouth
unglücklich, niedergeschlagen, deprimiert:

Jim looks down in the mouth. Is he in trouble?
Jim sieht niedergeschlagen aus. Hat er Ärger?

MOVE – to get a move on *(sl.)*
sich beeilen:

Get a move on, Joan or we'll miss the train. It leaves in two minutes.
Beeil dich Joan, sonst verpassen wir den Zug. Er fährt in zwei Minuten ab.

MUM – mum's the word!
Mund halten!, kein Wort darüber!:

Now you know what happened, but – mum's the word!
Jetzt weißt du, was geschehen ist, aber – Mund halten!

– to keep mum (about s.th.)
(etw. ver)schweigen, den Mund halten:

This is our secret, so keep mum about it.
Das ist unser Geheimnis, also kein Wort darüber.

N

NAIL – to hit the nail on the head (od. **be right on the nail**)
den Nagel auf den Kopf treffen, der Wahrheit entsprechen:

I think she is actually afraid of her mother. – Yes, you've hit the nail on the head. Her mother was always very strict with her.
Ich glaube, sie hat tatsächlich Angst vor ihrer Mutter. – Ja, du hast den Nagel auf den Kopf getroffen. Ihre Mutter war immer sehr streng zu ihr.

NARROW – to have a narrow escape (od. **squeak**) *(colloq.)*
mit knapper Not (od. gerade noch) davonkommen:

The old woman had a narrow escape from being run over by a car.
Die alte Frau wäre um Haaresbreite von einem Auto überfahren worden.

NEAR – a near thing
etw., das fast „schiefgegangen" wäre:

He caught his bus, but it was a near thing.
Er erwischte seinen Bus, aber nur mit knapper Not.

That was a near thing!
Das hätte ins Auge gehen können!

NEITHER – that's neither here nor there
das spielt keine Rolle, das fällt (überhaupt) nicht ins Gewicht, das tut nichts zur Sache:

A difference of five pounds is neither here nor there when we are dealing in thousands.
Ein Unterschied von fünf Pfund fällt überhaupt nicht ins Gewicht, wo es bei unseren Geschäften um Tausende geht.

NERVE – to have (got) a nerve *(colloq.)*
vielleicht Nerven haben!:

You've got a nerve. Why did you come here dressed like this?
Du hast vielleicht Nerven. Warum bist du in einem solchen Aufzug hierhergekommen?

– to have the nerve to do s.th. *(colloq.)*
die Kühnheit (od. Frechheit) besitzen, etw. zu tun:

That fellow has the nerve to show up again!
Der Kerl da besitzt die Frechheit, hier noch einmal aufzutauchen!

NEVER – never mind ...
geschweige denn:

I couldn't find the car, never mind getting home!
Ich konnte nicht einmal das Auto finden, geschweige denn nach Hause fahren.

– well, I never!
nein, so was!, kaum zu glauben!, hat man Worte!:

Do you know where I found the bracelet I lost yesterday? In my shopping bag. – Well, I never!
Kannst du dir vorstellen, wo ich das Armband gefunden habe, das ich gestern verlor? In meiner Einkaufstasche. – Hat man Worte!

NEWS – the good (od. **bad**) **news is ...** *(sl.)*
die gute (od. schlechte) Nachricht ist:

Well, what did the boss say? – The good news is we can go to the conference, but the bad news is we pay our own expenses.
Na, was hat der Chef gesagt? – Die gute Nachricht ist, daß wir zur Konferenz fahren können; aber die schlechte Nachricht ist, daß wir selbst die Reisekosten zahlen.

– to be bad news
Ärger bringen:

Harry is bad news. Don't work with him if you can avoid it.
Harry macht nur Ärger. Arbeite nicht mit ihm zusammen, wenn du es vermeiden kannst.

– to be news to s.o.
j-m neu sein:

Joan is going to have a baby. – That's news to me.
Joan bekommt ein Baby. – Das ist mir neu.

NEXT – the next best thing to s.th.
fast so gut wie etw.:

A polytechnic is the next best thing to a university. You'll get a good education there, too.
Eine polytechnische Hochschule ist beinahe so gut wie eine Universität. Du bekommst dort auch eine gute Ausbildung.

NICK – in the nick of time
gerade (noch) rechtzeitig, im letzten (od. rechten) Augenblick:

His help came in the nick of time.
Seine Hilfe kam gerade noch im rechten Augenblick.

– to nick s.o. (od. **s.th.**) *(sl.)*
1. j-n verhaften:

Jim has been nicked for drunken driving. He's in the police station now.
Jim ist wegen Trunkenheit am Steuer verhaftet worden. Er ist noch auf der Polizeiwache.

2. etw. stehlen:

Harry's car has been nicked. He only left it outside the post office for a minute and when he came back, it was gone.
Harrys Auto ist geklaut worden. Er hat es nur eine Minute vor der Post stehenlassen, aber als er zurückkam, war es weg.

NIGHT – to make a night of it *(colloq.)*
die Nacht durchmachen, die ganze Nacht durchfeiern:

Today's my birthday. Come along, let's make a night of it!
Ich habe heute Geburtstag. Komm mit, wir machen die Nacht durch.

NIP – to nip in (od. **out** od. **over** od. **up** od. **down** od. **back** usw.)
auf einen Sprung zu j-m gehen, vorbeischauen:

David, can you nip over to Gran's house and see if she's all right?
David, kannst du mal eben bei Oma vorbeischauen und gucken, ob es ihr gut geht?

 – to nip s.th. in the bud
im Keim ersticken:

Headmaster, we have another case of stealing from the cloakrooms. – We must nip this in the bud. I shall patrol the cloakrooms.
Herr Direktor, es wurde schon wieder etwas aus der Garderobe gestohlen. – Das müssen wir im Keim ersticken. Ich werde die Garderobe überwachen.

NOSE – to nose about (for s.th.) *(colloq.)*
(nach etw.) schnüffeln:

She nosed about in his desk for the letter.
Sie schnüffelte in seinem Schreibtisch nach dem Brief.

She nosed about in his desk for the letter.

– to turn one's nose up at s.o. (od. **s.th.**)
die Nase über j-n (od. etw.) rümpfen:

She has become rich overnight and turns her nose up now at such simple meals.
Sie ist über Nacht reich geworden und rümpft jetzt die Nase über so einfache Gerichte.

NOTHING – nothing doing! *(colloq.)*
nichts da!, (da ist) nichts zu machen!, kommt nicht in Frage!, ausgeschlossen!:

Can I watch the football match on TV this evening, Dad? – Nothing doing! It's on too late.
Kann ich heute abend das Fußballspiel im Fernsehen anschauen, Vati? – Ausgeschlossen! Es wird zu spät übertragen.

 – nothing short of
absolut, geradezu:

His new play was nothing short of a disaster.
Sein neues Stück war ein absolutes Fiasko.

 – nothing to write home about *(colloq.)*
nichts Besonderes (od. Berühmtes):

What do you think of his pictures? – Not so bad, but nothing to write home about.
Was hältst du von seinen Bildern? – Gar nicht schlecht, aber nichts Besonderes.

NOUS – have the nous to do s.th.
gesunden Menschenverstand (od. Grips) haben:

You would think Jim would have the nous not to lend his car to a perfect stranger.
Man sollte meinen, daß Jim genug Grips hätte, sein Auto an keinen wildfremden Menschen auszuleihen.

NOW – now and again (od. **[every] now and then**)
dann und wann, ab und zu, hin und wieder, von Zeit zu Zeit:

Now and then she burst into tears.
Von Zeit zu Zeit brach sie in Tränen aus.

NUB – the nub of the matter (od. **question**)
des Pudels Kern, der springende Punkt:

So the nub of the question is this: can we afford to buy the house or not?
Der springende Punkt ist also: können wir es uns leisten, dieses Haus zu kaufen oder nicht?

NUMBER ONE – to look after (od. **to take care of**) **number one** *(sl.)*
auf sein eigenes Wohl bedacht sein, zuerst an sich selbst denken:

He's always careful to look after number one.
Er steht sich selbst immer am nächsten.

NUT – to do (od. **be** od. **go off**) **one's nut** *(sl.)*
1. verrückt sein (od. werden):

He thought he'd go off his nut when the child wouldn't stop crying.
Er glaubte, er würde wahnsinnig, als das Kind nicht aufhörte zu schreien.

2. durchdrehen, wütend werden:

You should have seen Joan. When she heard she was losing her job, she did her nut.
Du hättest Joan sehen sollen. Als sie hörte, daß sie ihren Arbeitsplatz verlieren würde, drehte sie durch.

NUTSHELL – in a nutshell
ganz kurz (zusammengefaßt), mit einem Wort, mit wenigen Worten:

He put the whole plan in a nutshell.
Er faßte den ganzen Plan mit wenigen Worten zusammen.

O

ODD – (the) odd man out
Außenseiter, das fünfte Rad am Wagen:

He will always be the odd man out.
Er wird immer ein Außenseiter bleiben.

ODDS – odds (against) (od. **on**) **s.th.** *(colloq.)*
(un)wahrscheinlich:

What are the odds against your winning the Lottery? Fourteen million to one?
Wie stehen die Chancen, daß du im Lotto gewinnst? Vierzehn Millionen zu eins?

the odd man out

– odds and ends
1. Krimskrams, allerlei Kleinigkeiten, Überbleibsel:

She keeps all sorts of odds and ends in her workbasket.
Sie hebt allen möglichen Krimskrams in ihrem Nähkörbchen auf.

2. allerhand, allerlei:

I have some odds and ends to do tomorrow morning.
Ich habe morgen früh noch allerlei zu tun.

– to be at odds with s.o.
mit j-m uneins (od. zerstritten) sein:

The two sons are at odds with their father.
Die beiden Söhne haben sich mit ihrem Vater zerstritten.

– to make no odds
keine Rolle spielen:

It makes no odds what you do, you'll always be the loser.
Es spielt keine Rolle, was du tust, am Ende bist du immer der Verlierer.

– what's the odds? *(sl.)*
was macht das schon aus?, was tut's schon?:

What's the odds as long as the child is happy!
Was macht das schon? Wenn das Kind nur glücklich ist!

OFF – off-day *(sl.)*
Pechtag, schlechter Tag:

We all have our off-days in life.
Wir alle haben unsere schlechten Tage im Leben.

– on the off-chance
auf die entfernte Möglichkeit hin, in der (leisen) Hoffnung, auf gut Glück:

I went to his office on the off-chance of seeing him there before he went to England.
Ich ging in sein Büro, in der Hoffnung, ihn dort noch zu sehen, bevor er nach England fuhr.

– **to be off sick**
sich krank gemeldet haben:

I can't deliver today. I'm sorry, but I've got three people off sick.
Ich kann heute nicht liefern. Bei mir haben sich leider drei Mitarbeiter krank gemeldet.

– **to be off** (**to a place**) *(colloq.)*
weggehen, wegfahren, demnächst zu einem Ort fahren:

I'm off to Brighton in the morning. Do you want to come with me?
Ich fahre morgen früh nach Brighton. Kommst du mit?

I'm off now. See you later.
Ich bin jetzt weg. Bis später.

– **to bunk off school** *(sl.)*
die Schule schwänzen, blaumachen:

Paul will be in trouble next week. His teacher saw him bunking off school in town today.
Paul wird nächste Woche Ärger bekommen. Seine Lehrerin hat ihn heute in der Stadt gesehen, als er die Schule schwänzte.

– **to tell s.o. where to get off** (od. **where he** od. **she** usw. **gets off**) *(sl.)*
j-m Bescheid stoßen, j-m gehörig die Meinung sagen:

When the new employee was late for the third time in one week the boss told him where to get off.
Als der neue Angestellte zum dritten Mal innerhalb einer Woche zu spät kam, hat ihm der Chef gehörig die Meinung gesagt.

OFF-PUTTING – very off-putting *(sl.)*
sehr abweisend, unsympathisch:

Jim has a very off-putting manner sometimes. That's why customers often prefer to come to you instead.
Jim hat manchmal etwas sehr Abweisendes an sich. Deswegen kommen Kunden oft lieber zu Ihnen.

OLD – my old lady (od. **woman** od. **man**) *(sl.)*
mein(e) Alte(r) – Ehepartner/in od. Elternteil:

I can't seem to make my old man understand; at my age I need my freedom.
Ich kann es meinem Alten nicht klarmachen; in meinem Alter braucht man seine Freiheit.

I need to buy a present for my old woman for our wedding anniversary.
Ich muß meiner „Alten" ein Geschenk zu unserem Hochzeitstag kaufen.

ON – on and off (od. **off and on**)
von Zeit zu Zeit, hin und wieder, ab und zu:

She visited the old lady on and off.
Sie besuchte die alte Dame hin und wieder.

– that's not on
das kommt nicht in Frage (od. ist nicht drin):

You want me to pick up all the pupils' litter? Sorry, that's just not on. I'm a teacher. We have cleaners to do that job.
Sie möchten, daß ich den ganzen Müll von den Schülern aufsammele? Bedaure, das kommt nicht in Frage. Ich bin Lehrerin. Dafür haben wir Reinigungspersonal.

– to be on ...
zu erreichen sein unter der Telefonnummer ...:

Listen, I shan't be in the office this afternoon. I'm on 470 6224 if you need me.
Hör zu, ich bin heute nachmittag nicht im Büro. Ich bin unter 470 6224 zu erreichen, falls du mich brauchst.

– to have had s.o. on about s.th. (od. **s.o.**) *(colloq.)*
j-n wegen etw. (od. j-m) an der Strippe gehabt haben:

Jim, I've just had the boss on about the London contract. Can you talk to him about it, please?
Jim, ich hatte den Chef gerade an der Strippe wegen dem Londoner Vertrag. Kannst du bitte mit ihm darüber reden?

– **to have s.th.** (od. **anything** od. **nothing**) **on** *(colloq.)*
etw. (od. irgendwas od. nichts) vorhaben:

I haven't got anything on this evening. Shall we go to the pictures?
Ich habe heute abend nichts vor. Wollen wir ins Kino gehen?

– **what's on?** *(colloq.)*
was gibt es?, was wird (im Theater usw.) gespielt?:

What's on at the opera tonight?
Was wird heute abend in der Oper gespielt?

ONCE-OVER – to give s.o. (od. **s.th.**) **the once-over** *(sl.)*
1. j-n (od. etw.) kurz ansehen (od. mustern):

Doctor, I've had a pain in my back for two weeks. Can you give me the once-over?
Herr Doktor, ich habe seit zwei Wochen Rückenschmerzen. Können Sie mich kurz untersuchen?

2. etw. kurz durchputzen:

Let's give the flat the once-over before my parents arrive.
Laß uns die Wohnung mal eben kurz durchputzen, bevor meine Eltern ankommen.

ONE – I for one
ich zum Beispiel, ich meinerseits:

I for one don't like this idea.
Mir zum Beispiel ist dieser Gedanke nicht sympathisch.

– **one and all**
(ein) jeder, alle:

The show was greatly enjoyed by one and all.
Die Vorstellung gefiel allen.

– **one of these days**
irgendwann einmal, bei Gelegenheit:

You must show me the photos one of these days.
Du mußt mir irgendwann einmal die Fotos zeigen.

– one on one *(sl.)*
unter vier Augen, zu zweit, als Zweikampf:

I don't want him to do it just because I'm an officer. I'd like to sort it out with him one on one.
Ich möchte nicht, daß er das nur macht, weil ich Offizier bin. Ich will es mit ihm von Mann zu Mann in Ordnung bringen.

The boss would like to talk to you one on one. That way it won't be official.
Der Chef möchte es mit Ihnen unter vier Augen besprechen. So braucht es nicht amtlich zu werden.

– to be one up on s.o. *(colloq.)*
j-m um eine Nasenlänge voraus sein:

They always want to be one up on their competitors.
Sie wollen der Konkurrenz immer um eine Nasenlänge voraus sein.

ONUS – the onus is on s.o.
die Beweislast, die Verantwortung liegt bei j-m:

Somebody will have to put up Aunt Dorothy when she comes. The onus is on you, Carol, since you are the only one of us with a spare bedroom.
Einer muß Tante Dorothy unterbringen, wenn sie kommt. Es trifft dich, Carol, da du die einzige von uns bist, die ein Gästezimmer hat.

OPEN – to open up *(colloq.)*
sich öffnen, frei, ungehemmt erzählen:

Once I gained her trust, she opened up and told me everything.
Sobald ich ihr Vertrauen gewann, wurde sie gesprächiger und erzählte mir alles frei.

OPERATIVE – ... is the operative word
... ist das Stichwort, der springende Punkt:

Punctuality, that's the operative word in this office.
Pünktlichkeit ist das, worauf es in diesem Büro ankommt.

OPPOSITE – opposite number
(Amts)Kollege, Gegenstück:

The U.S. Secretary of State and his opposite number, the Foreign Secretary, met in Paris.
Der Außenminister der USA und sein britischer Amtskollege trafen sich in Paris.

ORDER – to be out of order *(sl.)*
(absolut) nicht in Ordnung, daneben, nicht akzeptabel, fehl am Platz sein:

You're out of order, Jim. You can't do that kind of thing at a party.
Das ist völlig daneben, Jim. Auf einer Party kann man so etwas nicht machen.

OTHER – every other ...
jede(-r, -s) zweite ...:

It rained every other day during our holidays.
Während unseres Urlaubs regnete es jeden zweiten Tag.

– the other day
neulich:

The other day I saw Harry driving down the High Street in his new car.
Neulich sah ich Harry in seinem neuen Wagen die Hauptstraße hinunterfahren.

OUT – out for the count
k.o., bewußtlos:

When they found Paul at the bottom of the ladder, he was out for the count. They threw some cold water over him and he came round quite quickly.
Als sie Paul am Fuß der Leiter fanden, war er bewußtlos. Sie gossen etwas kaltes Wasser über ihn, und er kam ziemlich schnell wieder zu sich.

– to back (od. **pull**) **out** (**of s.th**)
sich aus etw. zurückziehen, abspringen (von), „aussteigen" (aus), „kneifen":

Don't back out of the deal. We need you.
Steig nicht aus dem Geschäft aus. Wir brauchen dich.

The buyer backed out at the last minute. Do you want to buy it?
Der Käufer ist in letzter Minute abgesprungen. Wollen Sie es kaufen?

– to be out and about
wieder auf den Beinen sein:

She has been ill for three weeks, but now she is out and about again.
Sie war drei Wochen lang krank, aber jetzt ist sie wieder auf den Beinen.

– to take it out on s.o. (od. **s.th.**)
seinen Zorn an j-m (od. etw.) auslassen, j-n peinigen, bestrafen:

Don't take it out on me. It wasn't my fault you lost it.
Laß deinen Zorn nicht an mir aus. Es war nicht meine Schuld, daß du es verloren hast.

OUTS – the ins and outs
die Einzelheiten, die Eigenarten:

I don't want to go into the ins and outs of the argument, but Joan was angry about what I had done on holiday.
Ich möchte nicht ins Detail gehen, aber Joan war wütend über das, was ich im Urlaub getan hatte.

OVER – (all) over and done with
aus und vorbei, endgültig, ein für allemal vorbei:

Their marriage is finished. It's all over and done with.
Ihre Ehe ist gescheitert. Es ist alles aus und vorbei.

– to be over s.o. (od. **s.th.**) *(colloq.)*
sich von j-m (od. etw.) erholen, über etw. hinweg sein, sich fangen:

Harry took it badly when his marriage broke up three months ago, but he's over it now.
Harry hat es schwergenommen, als seine Ehe vor drei Monaten in die Brüche ging, aber jetzt ist er darüber hinweg.

OWN – on one's own
alleine:

Are you here on your own or have you come to the party with somebody?
Sind Sie alleine hier, oder Sie sind mit jemandem zur Party mitgekommen?

P

P – to mind one's P's and Q's
darauf achten, daß man nicht aneckt (od. daß man sich richtig benimmt):

Young people don't like it if they have to mind their P's and Q's so much.
Junge Leute mögen es nicht, wenn sie so sehr auf gutes Benehmen achten müssen.

PACK – to pack s.o. off (od. **send s.o. packing**) *(colloq.)*
j-n fortjagen (od. hinauswerfen):

The child behaved so badly that her mother packed her off to bed without any supper.
Das Kind benahm sich so schlecht, daß seine Mutter es ohne Abendessen ins Bett geschickt hat.

PADDLE – to paddle one's own canoe
auf eigenen Füßen stehen:

to paddle one's own canoe

She could expect no more help from her parents and had to paddle her own canoe.
Sie konnte von ihren Eltern keine Hilfe mehr erwarten und mußte sich aus eigener Kraft durchs Leben schlagen.

PAIN – to be (od. **give s.o.**) **a pain in the neck** *(sl.)*
j-m auf die Nerven gehen, eine Nervensäge sein:

I don't want to see this fellow. He's such a pain in the neck!
Ich will diesen Kerl nicht sehen. Er ist eine solche Nervensäge.

This nosy brat gives me a pain in the neck.
Der neugierige Fratz da geht mir auf die Nerven.

PAINT – to paint the town red *(colloq.)*
„auf die Pauke hauen", „die Gegend unsicher machen":

They made a night of it and painted the town red.
Sie feierten die ganze Nacht durch und machten die Stadt unsicher.

PALE – beyond (od. **outside**) **the pale**
außerhalb des Schicklichen (od. Erlaubten):

This remark put him beyond the pale.
Mit dieser Bemerkung überschritt er die Grenze des Schicklichen.

PALM – to palm s.th. off (on s.o.) *(colloq.)*
(j-m) etw. „andrehen":

In this shop they often palm second-rate goods off on the customers.
In diesem Laden dreht man den Kunden oft zweitrangige Ware an.

PART – to be part and parcel of s.th.
einen wesentlichen Bestandteil von etw. bilden, wesentlich zu etw. gehören:

The outbuildings are part and parcel of the farm.
Die Nebengebäude sind ein wesentlicher Bestandteil des Bauernhofs.

PARTY – a party piece
ein einstudiertes Lieblingsstück, Glanzstück:

Come on, David. Do your party piece with a glass of water. You'll love this. David is an amateur magician.
Komm schon, David. Führe dein Lieblingsstück mit einem Glas Wasser vor. Das werdet ihr mögen. David ist Amateurzauberer.

PAST – not to put it past s.o. (to do s.th.) *(colloq.)*
bei j-m nicht ausschließen, es j-m zutrauen (etw. zu tun):

I wouldn't put it past Harry to arrive at the party in a gorilla costume.
Ich würde es nicht für ausgeschlossen halten, daß Harry in einem Gorillakostüm auf der Party erscheint.

– to be past caring (about s.th. od. **s.o.)** *(colloq.)*
etw. (od. j-n) aufgeben, sich nicht mehr um etw. (od. j-n) kümmern:

You can do what you like with that old box of clothes. I'm past caring what happens to Tom's things.
Sie können mit dem Karton Kleidung machen, was Sie wollen. Ich kümmere mich nicht mehr darum, was aus Toms Sachen wird.

PATCH – not to be a patch on s.th. (od. **s.o.**) *(colloq.)*
nicht mit etw. (od. j-m) zu vergleichen sein, sich nicht mit etw. (od. j-m) messen können:

The author's last novel isn't a patch on his former work.
Der letzte Roman des Schriftstellers kann sich nicht mit dessen früherem Werk messen.

– to hit (od. **strike** od. **be going through**) **a bad patch** *(colloq.)*
eine Pechsträhne haben:

The football team is going through a bad patch this season.
Die Fußballmannschaft hat in dieser Saison eine Pechsträhne.

He who pays the piper calls the tune.

PAY – he who pays the piper calls the tune
wes Brot ich eß, des Lied ich sing:

I'm not surprised John agrees with the boss. You know what they say, he who pays the piper calls the tune.
Es überrascht mich nicht, daß John mit dem Chef einer Meinung ist. Sie wissen, was man sagt: wes Brot ich eß, des Lied ich sing.

– to pay one's way
sich selbst tragen, ohne Verlust arbeiten:

I doubt if this shop will ever pay its way.
Ich bezweifle, ob das Geschäft sich je selbst tragen kann.

– to pay through the nose
„tüchtig bluten müssen", „draufzahlen", kräftig zu zahlen haben:

He charged you £20 for this chair! You certainly paid through the nose for it.
Er hat 20 Pfund von dir für den Stuhl verlangt! Da hast du aber ganz schön draufgezahlt!

PEA – to be as like as two peas (in a pod)
sich gleichen wie ein Ei dem anderen:

These twin sisters are as like as two peas in a pod.
Diese Zwillingsschwestern gleichen einander wie ein Ei dem anderen.

PENNY – a pound to a penny
wahrscheinlich:

Who is that over there in the distance? – A pound to a penny, it's Jim. He always comes here at this time.
Wer steht da drüben ganz hinten? – Ich wette, es ist Jim. Er kommt immer um diese Zeit hierher.

– in for a penny, in for a pound
wenn schon, denn schon, wer A sagt, muß auch B sagen!:

It's no use complaining now that things are getting to a more difficult stage. In for a penny, in for a pound!
Es hat doch keinen Sinn, jetzt, wo die Dinge etwas schwieriger werden, einen Rückzieher zu machen. Wer A sagt, muß auch B sagen!

– **to spend a penny** *(colloq.)*
auf die Toilette gehen, „verschwinden":

Wait a moment for me! I'm going to spend a penny.
Wart einen Moment auf mich! Ich muß mal verschwinden!

PERISH – perish the thought!
Gott behüte (od. bewahre)!:

Me, go up in a glider? Perish the thought!
Ich soll in einem Segelflugzeug fliegen? Nie und nimmer!

to spend a penny

PICK – to pick a quarrel (with s.o.)
(mit j-m) Streit anfangen, einen Streit (mit j-m) vom Zaun brechen:

Be careful of that fellow! He'll go out of his way to pick a quarrel with you.
Nimm dich vor dem Kerl in acht! Er wird alles versuchen, mit dir Streit anzufangen.

– to pick and choose
(besonders) wählerisch sein, sorgfältig auswählen:

I had no time to pick and choose among the books which had been left.
Ich hatte keine Zeit, erst lange unter den übriggebliebenen Büchern auszuwählen.

– to pick holes in s.th. (od. **s.o.**) (od. **pick s.th.** od. **s.o. to pieces**) *(colloq.)*
an etw. herummäkeln, etw. „zerpflücken":

I knew he would try to pick holes in my work.
Ich wußte, daß er versuchen würde, an meiner Arbeit herumzumäkeln.

Every time Joan comes here she picks holes in her neighbours.
Jedes Mal, wenn Joan hierherkommt, mäkelt sie an ihren Nachbarn herum.

– to pick s.o.'s brains *(colloq.)*
j-n tüchtig ausfragen, „ausquetschen":

They were friendly to him just long enough to pick his brains.
Sie waren so lange freundlich zu ihm, bis sie ihn tüchtig ausgequetscht hatten.

– to pick up *(colloq.)*
sich erholen:

Business has been very slow recently but it's starting to pick up at last.
Das Geschäft lief in letzter Zeit recht träge, aber es fängt endlich an, sich zu erholen.

PICKLE – to be in a pickle *(sl.)*
1. in Schwierigkeiten sein, in der Tinte sitzen:

Last time I saw Jim he was in a terrible pickle – no money, no job and no friends.
Als ich Jim das letzte Mal sah, steckte er in großen Schwierigkeiten – keine Arbeit, kein Geld und keine Freunde.

2. in Unordnung sein:

Steven, your bedroom is in a pickle. Please tidy it up.
Steven, dein Zimmer ist sehr unordentlich. Räume es bitte auf.

PICTURE – to put s.o. in the picture
j-n ins Bild setzen, j-m etw. erklären:

Let me put you in the picture: the reason I'm not allowed to do that is my religion.
Ich darf Sie ins Bild setzen: meine Religion ist der Grund, warum ich das nicht machen darf.

PIECE – to be (all) of a piece with s.th. *(colloq.)*
(genau) zu etw. passen, (ganz) im Einklang mit etw. stehen:

This behaviour is all of a piece with his character.
Dieses Benehmen paßt ganz zu seinem sonstigen Charakter.

– to give s.o. a piece of one's mind
j-m gründlich die Meinung sagen, j-m „aufs Dach steigen":

You must give Harold a piece of your mind. He's beginning to become a nuisance.
Du mußt Harold einmal gründlich die Meinung sagen. Er wird allmählich eine Landplage.

PIG – to buy a pig in a poke
die Katze im Sack kaufen:

Make sure this house is really what you want! Don't buy a pig in a poke!
Sieh dir genau an, ob das Haus auch wirklich das ist, was du suchst! Kaufe nicht die Katze im Sack!

PILE – piles of s.th. *(colloq.)*
haufenweise …:

When I arrived at the house, there were piles of empty boxes in the hall.
Als ich am Haus ankam, lagen haufenweise leere Kartons im Treppenhaus.

– to make a (od. **one's**) **pile** *(sl.)*
einen Haufen Geld (od. ein Vermögen) verdienen, reich werden:

He made his pile as a caterer for the well-to-do.
Er kam dadurch zu Reichtum, daß er die Partys für die High-Society ausrichtete.

– to pile it on *(colloq.)*
(maßlos, mächtig) übertreiben, dick auftragen:

I don't believe half of what he says. He likes to pile it on.
Ich glaube nicht die Hälfte von dem, was er sagt. Er liebt es, maßlos zu übertreiben.

PIN – to pin s.o. down to s.th.
j-n auf etw. festnageln, festlegen:

The electrician promised me to come on Monday, but I couldn't pin him down to an exact time.
Der Elektriker versprach mir, am Montag zu kommen, aber ich konnte ihn nicht auf eine bestimmte Zeit festnageln.

PLACE – to be out of place
fehl am Platz sein, deplaziert sein, unangebracht sein, nicht passen:

That low-cut dress of yours may look smart but it would be completely out of place at a serious interview.
Das tief ausgeschnittene Kleid von dir mag ja sehr schick sein, aber für ein ernsthaftes Interview ist es völlig unangebracht.

– to do a place up *(colloq.)*
ein Haus (od. eine Wohnung) renovieren:

It took Jim three months to do his old place up.
Jim brauchte drei Monate, um sein altes Haus zu renovieren.

– **to be going places** *(sl.)*
auf dem Wege zum Erfolg sein, es zu etw. bringen:

Ever since Kevin has been at that new software firm, he is really going places. They're going to make him a partner soon.
Seitdem Kevin bei der neuen Softwarefirma ist, ist er sehr erfolgreich. Man wird ihn bald zum Firmenpartner machen.

PLAY – to play fast and loose with s.o. *(sl.)*
mit j-m ein falsches Spiel treiben, mit j-m spielen:

It wouldn't be fair to play fast and loose with her affections.
Es wäre nicht fair von dir, mit ihrer Zuneigung zu spielen.

– **to play it cool** *(sl.)*
die Situation mit Ruhe (od. souverän) meistern, die Ruhe selbst (od. cool) bleiben:

He played it cool when he was obliged to fork up £1000.
Er blieb die Ruhe selbst, als er gezwungen war, 1000 Pfund herauszurücken.

– **to play (it) safe**
kein Risiko eingehen, auf Nummer Sicher gehen:

We have to play safe and refuse to take on any new commitments.
Wir können kein Risiko eingehen und lehnen es ab, neue Verpflichtungen zu übernehmen.

– **to play s.th. down**
etw. herunterspielen:

The boss didn't want the mistake to be widely known, so he played the whole affair down.
Der Chef wollte nicht, daß der Fehler allgemein bekannt wird, also hat er die ganze Affäre heruntergespielt.

PLENTY – plenty of s.th.
reichlich:

Have some more wine. There are plenty of bottles in the cellar.
Nehmen Sie noch etwas Wein. Es sind noch viele Flaschen im Keller.

PLUG – to give s.th. a plug *(sl.)*
für etw. werben, (Schleich)Werbung machen:

When you talk on the radio show, try to give our town's carnival a plug.
Wenn du im Rundfunk auftrittst, versuche für unseren städtischen Karneval etwas Werbung zu machen.

POCKET – to be out of pocket
Verlust haben, draufzahlen:

Let me give you ten pounds for the petrol, at least. I don't want you to be out of pocket on my account.
Laß mich dir wenigstens zehn Pfund für das Benzin geben. Ich möchte nicht, daß du meinetwegen draufzahlst.

– to have long pockets and short arms *(sl.)*
geizig sein:

What, John actually bought a round of drinks! He always had the longest pockets and the shortest arms in town.

What, John actually bought a round of drinks! He always had the longest pockets and the shortest arms in town.
Was? John hat tatsächlich eine Runde ausgegeben? Er war doch immer der größte Geizhals in der Stadt.

POINT – the point (of od. in) ...
der Sinn, der Zweck ...:

I don't quite see the point of buying a caravan. You can rent them cheaply by the seaside and you don't have to tow them there.
Ich sehe keinen Sinn darin, einen Wohnwagen zu kaufen. Man kann sie doch am Meer preiswert mieten und muß sie nicht dahinschleppen.

– to come (od. **get**) **to the point**
zur Sache kommen:

That's all very interesting but can't you get to the point? I'm a busy woman.
Das ist zwar alles sehr interessant, aber könnten Sie bitte langsam zur Sache kommen? Ich bin sehr beschäftigt.

– to have a point
ein treffendes Argument (od. recht) haben:

Hamburgers are unhealthy. – I think you have a point, but they do taste good.
Hamburger sind ungesund. – Da ist zwar was dran, aber sie schmecken trotzdem gut.

– to make a point of s.th.
1. Wert auf etw. legen, auf etw. bedacht sein:

She makes a point of being punctual with the meals.
Sie ist darauf bedacht, die Mahlzeiten pünktlich auf den Tisch zu bringen.

2. es sich zum Prinzip machen:

He makes a point of being in his office at nine o'clock.
Er ist grundsätzlich um neun Uhr in seinem Büro.

– to stretch a point
ein Auge zudrücken, eine Ausnahme machen; es nicht zu genau nehmen:

I won't stretch a point in her favour.
Ihr zuliebe mache ich keine Ausnahme.

– to take s.o.'s point
j-s Meinung akzeptieren, zustimmen:

Yes, I take your point that farming is a hard job, but most farmers have plenty of money, don't they?
Ja, ich akzeptiere, daß die Landwirtschaft ein harter Job ist, aber die meisten Bauern haben doch reichlich Geld, oder?

POKE – to poke fun at s.o. (od. **s.th.**)
sich über j-n (od. etw.) lustig machen:

The children poked fun at the girl because she wore old-fashioned clothes.
Die Kinder machten sich über das Mädchen lustig, weil es altmodische Kleidung trug.

POP – to pop down (od. **in** od. **out** od. **round** od. **up** usw.) *(sl.)*
mal eben schnell hinunter- (od. hinein- od. hinaus- od. herum- od. hinauf- usw.) gehen:

We haven't got any milk left. Can you just pop down to the corner shop and buy a bottle?
Wir haben keine Milch mehr. Könntest du mal eben schnell zum Laden an der Ecke gehen und eine Flasche kaufen?

– to pop the question *(sl.)*
einen Heiratsantrag machen:

Last night he popped the question and was accepted.
Gestern abend machte er ihr einen Heiratsantrag, und sie sagte ja.

POSTED – to keep s.o. posted
j-n auf dem laufenden halten:

It will take at least a week before we take a decision. But don't worry, we'll keep you posted.
Es wird mindestens eine Woche dauern, bevor wir eine Entscheidung treffen. Aber machen Sie sich keine Sorgen, wir halten Sie auf dem laufenden.

POT – to go to pot
„auf den Hund kommen", zugrunde gehen:

His business had gone to pot while he was ill.
Sein Geschäft war während seiner Krankheit auf den Hund gekommen.

– to take pot luck
mit dem vorliebnehmen, was vorhanden ist:

If you call on us without warning you'll have to take pot luck as far as food is concerned.
Wenn ihr uns unangemeldet besucht, müßt ihr mit dem vorliebnehmen, was gerade auf den Tisch kommt.

POUND – to look as if one has lost a pound and found a penny
sehr unglücklich aussehen:

Poor Jim. What's wrong with him? He looks as if he has lost a pound and found a penny.
Der arme Jim. Was ist mit ihm los? Er sieht so niedergeschlagen aus.

POUR – to pour down
stark regnen, in Strömen gießen:

Wait five minutes before you go. It's pouring down outside.
Warte fünf Minuten, bevor du gehst. Draußen gießt es in Strömen.

– to pour oil on troubled waters
Öl auf die Wogen gießen, die Wogen glätten, für Ruhe (od. Frieden) sorgen:

She pricked up her ears when they mentioned the name of her former husband.

While the two men were shouting at each other, she was doing her best to pour oil on troubled waters.
Während die zwei Männer sich anschrien, tat sie ihr möglichstes, um die Wogen zu glätten.

POWER – the powers that be
die, die zu bestimmen, etw. zu sagen haben; „die da oben"; die Mächtigen:

If you want an invitation, you must ask the powers that be.
Wenn du eine Einladung haben willst, mußt du die da oben fragen.

PRICK – to prick up one's ears
die Ohren spitzen, lauschen:

She pricked up her ears when they mentioned the name of her former husband.
Sie horchte auf, als man den Namen ihres früheren Mannes erwähnte.

PRIME – at the prime of life (od. **in one's prime**)
in den besten Jahren:

What do you mean, ‚old'? Thirty isn't old. I'm at the prime of life.
Was soll das heißen ‚alt'? Dreißig ist kein Alter. Ich bin in den besten Jahren.

PRINT – to read the small print
das Kleingedruckte lesen:

When you take out an insurance policy, make sure you read the small print before you sign.
Wenn Sie eine Versicherungspolice abschließen, lesen Sie auf jeden Fall das Kleingedruckte, bevor Sie unterschreiben.

PROP – to prop s.th. up
etw. stützen:

The new owners discovered that the firm was being propped up by bank loans.
Die neuen Besitzer entdeckten, daß die Firma seit längerem durch Bankdarlehen gestützt wurde.

PULL – to pull a fast one (od. **a stroke**)
j-n reinlegen (od. übers Ohr hauen):

The travelling salesman pulled a fast one on the landlady. He pretended he was just taking his clothes to the dry-cleaner's, but left without paying the bill for his room.
Der Vertreter haute die Wirtin übers Ohr. Er gab vor, seine Kleidung zur Reinigung zu bringen, ging aber weg, ohne die Rechnung für sein Zimmer zu bezahlen.

– to pull o.s. together (od. **one's socks up**)
sich zusammenreißen, sich einen Ruck geben:

John, you must pull your socks up or you will do badly in the summer examinations.
John, du mußt dir einen Ruck geben, sonst schneidest du bei den Prüfungen im Sommer schlecht ab.

to pull s.o.'s leg

– to pull one's weight
sein(en) Teil leisten, das Seine beitragen, sich ernsthaft einsetzen, anstrengen:

Paul has not attended the last three meetings. I don't think he's really pulling his weight.
Paul fehlt jetzt schon in der dritten Sitzung. Ich glaube nicht, daß er sich wirklich ernsthaft einsetzt.

– to pull s.o.'s leg (od. the other one)
j-n zum besten, zum Narren halten, j-n „verkohlen" (od. auf den Arm nehmen):

You mustn't take what he said too seriously. He was pulling your leg.
Du darfst das nicht zu ernst nehmen, was er sagte. Er hat dich nur verkohlt.

– to pull strings (od. wires) *(colloq.)*
seine Beziehungen spielen lassen:

We won't get seats for the concert without pulling strings.
Wir werden keine Plätze für das Konzert bekommen, wenn wir nicht unsere Beziehungen spielen lassen.

– to pull the wool over s.o.'s eyes
j-n hinters Licht führen, j-m Sand in die Augen streuen:

Don't hope to pull the wool over my eyes; I know quite well what you're entitled to charge for an old car like that!
Glaube nicht, daß du mich hinters Licht führen kannst! Ich weiß ganz genau, was du für so ein altes Auto verlangen kannst!

PUSH – to push s.o. *(colloq.)*
j-n unter Druck setzen, auf etw. bestehen:

I'm afraid I'll have to push you on this, Harry. I need an answer.
Ich muß Sie in dieser Sache leider unter Druck setzen, Harry. Ich brauche eine Antwort.

PUT – to put a spoke in s.o.'s wheel *(colloq.)*
j-m einen Knüppel zwischen die Beine werfen, j-m Hindernisse in den Weg legen:

He was getting on well in business, but then a rival establishment opened, and that put a spoke in his wheel.
Sein Geschäft ging gut, aber dann machte ein Konkurrenzunternehmen auf, und das warf ihm einen Knüppel zwischen die Beine.

– to put in an appearance
erscheinen, aufkreuzen:

We are glad you were able to put in an appearance at our meeting, even though it was only for half an hour.
Wir freuen uns, daß du es ermöglichen konntest, zu unserem Treffen zu erscheinen, auch wenn es nur für eine halbe Stunde war.

– to put it to s.o.
an j-n appellieren, j-m anheimstellen:

I put it to you – does the defendant look like a gangster?
Ich appelliere an Sie – sieht der Angeklagte wie ein Gangster aus?

– to put s.o. (od. **s.th.**) **down** *(sl.)*
j-n (od. etw.) heruntermachen:

I don't want to put John down, but he really is a disorganised individual sometimes.
Ich möchte John nicht heruntermachen, aber manchmal ist er wirklich eine chaotische Person.

– to put s.o. (od. **s.th.**) **off**
1. j-n abstoßen:

Their house really put me off. It was untidy, dirty and smelly.
Ihr Haus hat mich wirklich abgestoßen. Es war unaufgeräumt, schmutzig, und es roch schlecht.

2. etw. verschieben, etw. auf die lange Bank schieben:

Harry, can we put off our meeting for a few days? I'm terribly busy at the moment.
Harry, können wir unser Treffen um ein paar Tage verschieben? Ich bin im Augenblick wirklich sehr beschäftigt.

– to put s.o. (od. **s.th.**) **through his** (od. **her** usw.) **paces**
j-n auf Herz und Nieren prüfen, etw. einer strengen Prüfung unterziehen:

The producer wanted to put the new dancers through their paces.
Der Regisseur wollte die neuen Tänzer auf ihr Können hin prüfen.

– to put s.o. on the spot
j-n in Verlegenheit bringen:

I was sorry to put him on the spot in front of all those people, but it wasn't my job and he hadn't finished the report.
Es tat mir leid, ihn vor all den Leuten in Verlegenheit zu bringen, aber es war nicht meine Aufgabe, und er hatte den Bericht nicht fertig.

– to put s.o. up to s.th.
j-n zu etw. anstiften:

I can't believe it was your idea to go shoplifting. Who put you up to it?
Ich kann es nicht glauben, daß der Ladendiebstahl deine Idee war. War hat dich dazu angestiftet?

– to put s.th. together *(colloq.)*
etw. zusammenstellen, organisieren:

Jim has put an interesting project together. Perhaps you'd like to have a look at it?
Jim hat ein interessantes Projekt zusammengestellt. Vielleicht möchten Sie es ansehen?

– to put the (tin) lid on s.th.
einer Sache „die Krone aufsetzen":

Did he really say that he expects me to apologize to him? That puts the lid on it!
Hat er wirklich gesagt, daß er eine Entschuldigung von mir erwartet? Das schlägt dem Faß den Boden aus!

– to put up with s.o. (od. **s.th.**)
j-n (od. etw.) ertragen:

I can't put up with your father in this house for another minute. He'll have to go into a nursing home.
Ich ertrage deinen Vater keine Minute länger in diesem Haus. Er muß ins Pflegeheim.

Q

QUESTION – no questions asked
ohne über die (dubiose) Herkunft von etw. nachzufragen, ohne Vorbedingungen, gekauft wie gesehen, schwarz:

I'll give you £200 for that motorbike. Cash in hand and no questions asked.
Für das Motorrad gebe ich dir zweihundert Pfund. Bar auf die Hand und keine peinlichen Fragen.

QUIBBLE – to quibble about s.th.
spitzfindig sein, über Kleinigkeiten streiten:

We pay you a good wage. Please don't quibble about extra expenses like this.
Wir bezahlen Ihnen einen guten Lohn. Seien Sie bitte nicht so kleinlich, was zusätzliche Unkosten angeht.

QUICK – a quick one
ein rascher Drink:

There's just time enough for us to have a quick one.
Wir haben gerade Zeit genug, einen auf die Schnelle zu trinken.

QUIET – on the quiet (od. **on the qt** [ˈkjuːˈtiː]) *(sl.)*
klammheimlich; heimlich, still und leise:

More people are given to drink on the quiet than you might think.
Mehr Menschen, als man glauben möchte, trinken heimlich.

More people are given to drink on the quiet than you might think.

R

RAGE – all the rage *(sl.)*
der letzte Schrei:

I heard that flared trousers are all the rage again in New York now.
Ich habe gehört, daß in New York Schlaghosen jetzt wieder schwer in sind.

RAIN – (come) rain or shine
auf jeden Fall, was auch (immer) geschieht, komme, was wolle:

The party will be held, rain or shine.
Die Party findet auf jeden Fall statt.

RAINY – to save (od. **provide, put away, keep**) **s.th. for a rainy day**
etw. für schlechte Zeiten aufheben (od. zurücklegen):

You shouldn't forget to save some money for a rainy day.
Du solltest nicht vergessen, dir einen Notgroschen zurückzulegen.

RATE – at any rate
1. auf jeden Fall, jedenfalls:

At any rate we rely on your being here at eight o'clock.
Wir verlassen uns jedenfalls darauf, daß du um 8 Uhr hier bist.

2. zumindest, jedenfalls:

The minister at any rate is not to blame.
Dem Minister ist jedenfalls keine Schuld zu geben.

   – (not) to rate s.o. (od. **s.th.**) *(colloq.)*
j-n (od. etw.) (nicht besonders) würdigen, schätzen:

How do you rate those new flats by the river? – Oh, nice but too expensive.
Was halten Sie von den neuen Wohnungen am Fluß? – Ach, nett, aber zu teuer.

RAW – to give s.o. a raw deal
j-n unfair (od. gemein, schlecht) behandeln, j-m übel mitspielen:

The old woman was given a raw deal. She was left only her cottage.
Der alten Frau wurde übel mitgespielt. Man ließ ihr nur ihr Häuschen.

RECORD – off the record
inoffiziell, nicht für die Öffentlichkeit (od. Allgemeinheit) bestimmt:

Some of what the chancellor said at his press conference was off the record.
Einiges, was der Kanzler auf seiner Pressekonferenz sagte, war nicht für die Öffentlichkeit bestimmt.

RED – to be in (od. **get out of**) **the red**
in den roten Zahlen od. Miesen stehen (od. aus den roten Zahlen herauskommen):

I can't lend you any money. I'm in the red myself.
Ich kann dir kein Geld leihen. Ich bin selbst in den roten Zahlen.

How will they ever get out of the red with such mismanagement?
Wie sollen sie bei so einer Mißwirtschaft jemals aus den roten Zahlen herauskommen?

RED-HANDED – to catch s.o. red-handed
j-n auf frischer Tat ertappen, j-n erwischen:

We caught the boy red-handed stealing sweets from the counter.
Wir erwischten den Jungen, wie er Süßigkeiten vom Ladentisch stahl.

RENDERED – for services rendered
für empfangene Leistungen:

Invoice: £75 for services rendered. Sum due immediately.
Rechnung: 75 Pfund für empfangene Leistungen. Summe sofort zahlbar.

REST – to set (od. **put**) **s.o.'s** (od. **one's**) **mind at rest**
j-n (od. sich) beruhigen:

What you told me about our financial situation has set my mind at rest.
Was du mir über unsere finanzielle Lage sagtest, hat mich beruhigt.

RHYME – to be without rhyme or reason (od. **have neither rhyme nor reason**)
ohne Sinn und Verstand, ohne jede Logik, unsinnig sein:

The new syllabuses are without rhyme or reason.
Die neuen Lehrpläne entbehren jeglicher Logik.

RIDE – to take s.o. for a ride *(colloq.)*
j-n reinlegen, übers Ohr hauen:

The jeweller took you for a ride when he sold you this watch.
Der Juwelier hat dich reingelegt, als er dir diese Uhr verkaufte.

RIGHT – as right as rain (od. **ninepence**)
ganz richtig, völlig in Ordnung:

I ran a slight temperature yesterday, but I'm as right as rain this morning.
Ich hatte gestern leichtes Fieber, aber heute geht es mir wieder bestens.

RING – to give s.o. a ring *(colloq.)*
j-n anrufen:

I must give my sister a ring soon and ask how she got on in the driving test.
Ich muß meine Schwester bald anrufen und fragen, wie sie bei der Führerscheinprüfung zurechtkam.

– to ring a bell with s.o.
j-m bekannt vorkommen, eine Erinnerung in j-m wachrufen:

The name rings a bell with me. Where have I heard it before?
Der Name kommt mir bekannt vor. Wo habe ich ihn schon gehört?

– to run (od. make) rings (a)round s.o.
j-n „in die Tasche stecken", j-m weit überlegen, voraus sein:

You can run rings around me at skating.
Du läufst viel besser Schlittschuh als ich.

RISE – to rise to the occasion
sich der Lage gewachsen zeigen:

The restaurant rose to the occasion by producing a magnificent dinner for 100 guests.
Das Restaurant zeigte sich der Lage gewachsen und brachte ein großartiges Abendessen für 100 Gäste auf den Tisch.

ROCK – on the rocks
1. pleite, am Ende:

The firm was on the rocks in a brief space of time.
Die Firma war binnen kurzem pleite.

2. am Ende, in die Brüche gegangen:

They were happy for a year or two, and then their marriage went on the rocks.
Sie waren ein oder zwei Jahre glücklich, dann ging ihre Ehe in die Brüche.

3. mit Eis:

How do you like your Scotch – straight or on the rocks?
Wie magst du deinen Whisky – pur oder mit Eis?

ROUGH – it is rough on s.o. *(colloq.)*
es ist hart für j-n:

It's rather rough on Walter that his wife has run away with his best friend.
Es ist schon hart für Walter, daß seine Frau mit seinem besten Freund durchgebrannt ist.

– to rough it
primitiv leben:

Camping has become popular because so many people have grown tired of civilized life and want to rough it for a while.
Camping ist so beliebt, weil viele Menschen vom zivilisierten Leben die Nase voll haben und mal eine Zeitlang einfach leben möchten.

RUB – to rub it in *(colloq.)*
es einem immer wieder unter die Nase reiben (od. „aufs Butterbrot schmieren"), einen immer wieder daran erinnern:

I know I made a mistake, but you needn't rub it in.
Ich weiß, ich habe einen Fehler gemacht, aber du brauchst mir das nicht immer wieder unter die Nase zu reiben.

– to rub s.o. up the wrong way
j-n verärgern (od. verschnupfen):

His tactlessness easily rubs people up the wrong way.
Die Leute stoßen sich leicht an seiner Taktlosigkeit.

– to rub shoulders with s.o.
mit j-m in Kontakt (od. Berührung) kommen, mit j-m verkehren:

On his travels he rubbed shoulders with all sorts of people.
Auf seinen Reisen lernte er alle möglichen Menschen näher kennen.

RULE – to rule (s.th.) out (od. rule out s.th.)
(etw.) ausschließen:

The government does not rule out a new law to stop this.
Die Regierung schließt ein neues Gesetz nicht aus, um dies zu stoppen.

Violence is ruled out.
Gewalt ist ausgeschlossen.

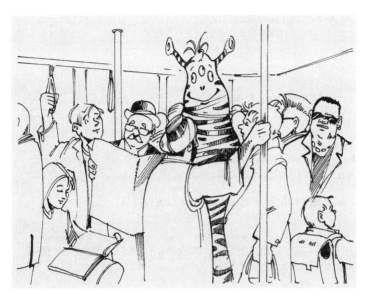

On his travels he rubbed shoulders with all sorts of people.

RUN – in the long run
auf die Dauer:

Crime doesn't pay in the long run.
Verbrechen macht sich auf die Dauer nicht bezahlt.

– to give s.o. a run for his money
j-n für etw. hart kämpfen lassen:

John won the darts match yesterday, but I gave him a run for his money.
John hat gestern beim Dartspielen gewonnen, aber ich war ihm ein würdiger Gegner.

– to run in the family
in der Familie liegen:

With them aptitude for music runs in the family.
Die Musikalität liegt bei ihnen in der Familie.

– to run out (od. **short**) **of ...**
kein(e, -en) ... mehr haben:

They ran out of coal and had to burn wood.
Die Kohle ging ihnen aus, und sie mußten mit Holz heizen.

– to run s.o. (od. **s.th.**) **over ...**
j-n (od. etw.) mit dem Auto hinbringen:

Joan, can you run this package over to the Community Centre, please? It's a cake for their Open Day on Saturday.
Joan, könntest du bitte dieses Paket zum Gemeindezentrum rüberfahren? Es ist ein Kuchen für den Tag der offenen Tür am Samstag.

– to run s.th. by (od. **past**) **s.o. again** *(sl.)*
j-m etw. noch einmal erklären, erzählen:

I didn't understand what you said. Can you run it by me again?
Ich habe nicht verstanden, was Sie sagten. Können Sie es mir noch einmal erzählen?

– to run s.th. off
etw. abziehen:

I need ten copies of this report. Can you run them off for me on the photocopier straightaway, please?
Ich brauche von diesem Bericht zehn Kopien. Können Sie sie mir bitte sofort fotokopieren?

– to run up against s.th.
mit etw. konfrontiert werden, auf etw. treffen, stoßen:

He ran up against strong opposition with his proposal.
Er stieß mit seinem Vorschlag auf heftigen Widerstand.

RUN-DOWN – to give s.o. the run-down on s.o. (od. **s.th.**) *(colloq.)*
j-m einen Bericht über etw. geben, j-n über etw. informieren:

Could you give me a quick run-down on what has been happening while I was away?
Könnten Sie mir kurz zusammenfassen, was passiert ist, während ich weg war?

RUN-OFF – a run-off between s.o. and s.o.
ein Wettlauf, ein Entscheidungskampf zwischen j-m und j-m:

We have picked the two best candidates out of the original twelve. Now it's a run-off between those two as to who gets the job.
Wir haben aus den zwölf ursprünglichen Bewerbern die besten zwei ausgewählt. Nun entscheidet es sich zwischen den beiden, wer den Job bekommt.

RUNNING – up and running
am Laufen, funktionierend:

The computer dealer was at my house on Tuesday. He stayed for about three hours and by then he had installed my new computer and had it up and running for me.
Der Computerhändler war am Dienstag bei mir zu Hause. Er blieb drei Stunden und hatte bis dahin meinen neuen Computer installiert und zum Laufen gebracht.

RUT – to be in (od. **get into**) **a rut**
sich in eingefahrenen Gleisen bewegen (in ein eingefahrenes Gleis geraten):

What I dread in my job is to get into a rut.
Was ich in meinem Beruf fürchte ist, daß mir die Dinge zur Routine werden.

S

SACK – to get (od. **give s.o.**) **the sack** (*colloq.*)
„fliegen", „rausgeschmissen" (od. gefeuert) werden, j-n „rausschmeißen":

The employee got the sack for petty embezzlements.
Der Angestellte wurde wegen kleiner Unterschlagungen gefeuert.

to saddle s.o. with s.th.

SADDLE – to saddle s.o. with s.th.
j-m etw. aufbürden, aufhalsen:

Why should she saddle herself with other people's children?
Warum sollte sie sich anderer Leute Kinder aufhalsen?

SAFE – to be on the safe side
um ganz sicherzugehen:

She took her umbrella and raincoat to be on the safe side.
Sie nahm vorsichtshalber Schirm und Regenmantel mit.

SAID – when all's said and done
kurz und knapp, ohne Umschweife:

You must admit, when all's said and done, Joan is a very good worker.
Sie müssen ohne Umschweife zugeben, daß Joan eine sehr gute Mitarbeiterin ist.

SAIL – to sail close to (od. **near**) **the wind**
sich hart an der Grenze des Erlaubten, am Rande der Legalität bewegen:

By taking this measure we don't actually break the law, but we are sailing very close to the wind.
Mit dieser Maßnahme verstoßen wir nicht direkt gegen das Gesetz, aber wir bewegen uns sehr hart am Rande der Legalität.

SALT – not to be worth one's salt
überhaupt nichts taugen, wert sein:

The man is going to be dismissed. He's lazy and not worth his salt.
Der Mann wird entlassen. Er ist faul und vollkommen untauglich.

– salt of the earth
das Salz der Erde, vertrauenswürdig:

You'll find that Len is a very simple man, no Einstein, but salt of the earth.
Sie werden feststellen, daß Len ein ganz einfacher Mann ist, kein Einstein, aber äußerst vertrauenswürdig.

– to take s.o. (od. **s.th.**) **with a pinch of salt**
j-n (od. etw.) mit Vorbehalt aufnehmen, nicht für bare Münze nehmen:

When a door-to-door salesman tells you that something has a ten--year guarantee, you have to take it with a pinch of salt. You'll never see him again.
Wenn dir ein Vertreter an der Haustür erzählt, daß etwas zehn Jahre Garantie hat, darfst du es nicht für bare Münze nehmen. Du wirst ihn nie wiedersehen.

SAVE – to save one's (od. **s.o.'s**) **bacon**
j-s letzte Rettung (od. j-s Retter in der Not) sein:

I was so late. You've just saved my bacon for me by giving me a lift.
Ich war so spät dran, da warst du meine letzte Rettung, als du mich im Auto mitgenommen hast.

SAY – not to be able to say boo to a goose
ein Hasenfuß sein, sich überhaupt nichts trauen:

She's a meek little creature who couldn't say boo to a goose.
Sie ist ein schüchternes kleines Ding, das sich überhaupt nichts traut.

– to have a (od. **no, not much**) **say (in s.th.)**
etw. (od. nichts, nicht viel) (bei etw.) zu sagen haben:

The children didn't have much say in deciding where the family should spend their holidays.
Die Kinder hatten nicht viel mitzureden bei der Entscheidung, wo die Familie ihren Urlaub verbringen sollte.

– to have s.th. (od. **little** od. **nothing**) **to say for oneself**
etw. (od. wenig od. nichts) zu seiner Rechtfertigung vorbringen können:

What had the defendant to say for himself?
Womit konnte der Angeklagte sich rechtfertigen?

– to say one's piece
seine Meinung sagen:

Everyone said his piece with the result that it was a series of monologues rather than a lively discussion.
Jeder sagte, was er zu sagen hatte, mit dem Ergebnis, daß es mehr eine Aneinanderreihung von Monologen war als eine lebhafte Diskussion.

SCARCE – to make o.s. scarce
sich verdünnisieren, aus dem Staub machen, verschwinden, „verduften":

His mother came, so I thought I'd better make myself scarce.
Seine Mutter kam, da machte ich mich lieber aus dem Staub.

SCARE – to scare the living daylights out of s.o.
j-n zu Tode erschrecken:

We were watching Susie ride her moped for the first time. It scared the living daylights out of me to see how she moved through the heavy traffic on that little thing.
Wir sahen zu, wie Susie zum ersten Mal mit ihrem Moped fuhr. Es hat mich zu Tode erschreckt, als ich sah, wie sie auf dem kleinen Ding durch den dichten Verkehr fuhr.

SCENE – not my scene
nicht mein Fall, nicht nach meinem Geschmack:

Thanks for the invitation to the concert at school, but school orchestras are not really my scene.
Vielen Dank für die Einladung zum Schulkonzert, aber Schulorchester sind eigentlich nicht mein Fall.

SCORE – on that score
in dieser Hinsicht, deshalb, deswegen:

I know he won't come. Don't be worried on that score!
Ich weiß, daß er nicht kommt. Mach dir deswegen keine Sorgen!

– to know the score (on s.o. od. **s.th.)** *(sl.)*
(über j-n [od. etw.]) Bescheid wissen, urteilen können:

Let me do that for you. I know the score on lighting barbecues.
Laß mich das für dich machen. Ich weiß Bescheid, wie man einen Grill anzündet.

– to settle (od. **pay off** od. **wipe off**) **old scores**
eine alte Rechnung begleichen, mit j-m abrechnen:

I've got him here all to myself. Now is the time to settle old scores.
Endlich hab ich ihn mal ganz für mich allein. Jetzt ist es an der Zeit, mit ihm abzurechnen.

SCRATCH – to be (od. **come**) **up to scratch**
den Anforderungen entsprechen, auf der Höhe sein:

Will you be up to scratch for the exam?
Wirst du den Anforderungen der Prüfung genügen?

– to start from scratch
ganz von vorn, mit nichts anfangen:

After the war most of us had to start from scratch.
Nach dem Krieg mußten die meisten von uns wieder ganz von vorn anfangen.

SCREW – to screw (s.th.) up *(sl.)*
(etw.) vermasseln, verderben, kaputtmachen, falsch machen:

I'm afraid I've screwed the school timetable up. You're teaching two different classes in two different rooms now.
Ich habe leider den Stundenplan durcheinandergebracht. Du sollst jetzt zwei verschiedene Klassen in zwei verschiedenen Klassenzimmern unterrichten.

SEARCH – search me!
(ich habe) keine Ahnung!:

Why did they move to that terrible neighbourhood? – Search me!
Warum sind sie in die schreckliche Gegend gezogen? – Keine Ahnung!

SEC' – just (od. **half**) **a sec'** *(colloq.)*
Augenblick:

Can you come and talk to Jim on the phone? – Just a sec'. I'll just dry my hands first.
Kannst du ans Telefon kommen und mit Jim reden? – Augenblickchen, ich trockne mir erst mal die Hände ab.

SECOND – I second that
dafür bin ich auch, genau meine Meinung:

I suggest we all go to the pub this evening. – I second that. I like the pub.
Ich schlag vor, wir gehen heute abend alle in den Pub. – Dafür bin ich auch. Ich mag den Pub.

– on second thoughts
wenn ich es mir recht überlege, bei reiflicher Überlegung:

They saw eye to eye in everything they did.

On second thoughts I've decided not to buy this TV set.
Nach reiflicher Überlegung habe ich mich entschieden, diesen Fernseher nicht zu kaufen.

SEE – to see eye to eye (with s.o.)
(mit j-m) ein Herz und eine Seele sein, (mit j-m) völlig übereinstimmen:

They saw eye to eye in everything they did.
Sie waren in allem, was sie taten, ein Herz und eine Seele.

– to see how the land lies
sehen, wie der Hase läuft, was los ist, die Lage peilen:

I must ring him up and hear how the land lies.
Ich muß ihn anrufen und hören, wie der Hase läuft.

– to see s.o. home
j-n nach Hause begleiten (od. heimbegleiten):

He saw his girl-friend home long after midnight.
Er begleitete seine Freundin lange nach Mitternacht nach Hause.

– to see to it that ...
zusehen, daß ..., darauf achten, daß ..., dafür sorgen, daß ...:

Please see to it that you are not late.
Sieh bitte zu, daß du nicht zu spät kommst!

SELF – his (od. **her** usw.) **usual ...self**
sein (od. ihr usw.) gewöhnliches ...selbst:

She was her usual happy self.
Sie war wie immer gut gelaunt.

SELL – to sell like hot cakes
weggehen wie warme Semmeln:

His new book sold like hot cakes.
Sein neues Buch ging weg wie warme Semmeln.

SEND – to send s.o. packing (od. **about his** od. **her** usw. **business**)
j-n kurz abfertigen, j-n fort- (od. weg)schicken:

He sent her packing hoping to have seen the last of her.
Er schickte sie weg, in der Hoffnung, sie zum letztenmal gesehen zu haben.

SERVE – to serve s.o. right
j-m recht geschehen:

It serves you right that you lost that game of chess; you were far too sure of yourself.
Es geschieht dir recht, daß du die Partie Schach verloren hast; du warst dir viel zu sicher.

SET – to be dead set against s.th. *(colloq.)*
entschieden, strikt gegen etw. sein:

Her parents were dead set against the marriage.
Ihre Eltern waren strikt gegen die Heirat.

– to set one's mind on s.th. (od. **to be set [up]on s.th.**)
fest zu etw. entschlossen sein, sich etw. fest vornehmen:

Martin has set his mind on learning foreign languages.
Martin hat sich fest vorgenommen, Fremdsprachen zu lernen.

SET-TO – to have a (real) set-to
sich ernsthaft streiten, aneinandergeraten:

The two men had a real set-to outside the pub. They both ended up in hospital.
Die beiden Männer gerieten vor der Kneipe ernsthaft aneinander. Sie landeten beide im Krankenhaus.

SETTLE – to settle down
1. sich heimisch fühlen, sich einleben:

Have you settled down in Berlin yet? – Oh, yes. I feel quite at home already, thanks.
Hast du dich in Berlin schon eingelebt? – Ach ja, danke, ich fühle mich schon wie zu Hause.

2. sich beruhigen, sich legen, setzen:

Wait until the foam settles down in your beer before you drink it.
Warte, bis sich der Schaum auf deinem Bier gesetzt hat, bevor du es trinkst.

– to settle down (od. **get settled down**) **(to s.th.)**
sich einer Sache widmen, sich einarbeiten, einlesen:

People are always disturbing me. I had just settled down to do my homework when the telephone rang.
Man stört mich dauernd. Ich hatte mich gerade hingesetzt, um meine Hausaufgaben zu machen, als das Telefon klingelte.

– to settle up
die Zeche zahlen:

If everybody has finished their meal, it's time to settle up and go home. Waiter!
Wenn alle zu Ende gegessen haben, ist es Zeit, zu zahlen und nach Hause zu fahren. Herr Ober!

SEW – all sewn up
unter Dach und Fach, ein abgekartetes Spiel:

Don't bother applying for the job. It's all sewn up. The boss's nephew is going to get it.
Mach dir nicht die Mühe, dich für die Stelle zu bewerben. Es ist ein abgekartetes Spiel. Der Neffe vom Chef bekommt die Stelle.

SHAME – to put s.o. to shame
j-n beschämen, j-n in den Schatten stellen:

This child's playing puts many a grown-up pianist to shame.
Das Spiel dieses Kindes stellt manchen erwachsenen Pianisten in den Schatten.

SHARE – share and share alike
gerecht teilen:

You must let your younger brother use it, too. In this house it's share and share alike.
Du mußt deinen jüngeren Bruder auch dran lassen. In diesem Haus wird gerecht geteilt.

SHAVE – to have a close shave *(colloq.)*
knapp entkommen:

It's all right, the boss has gone. – That was a close shave. He nearly saw me reading the newspaper.
Es ist schon gut, der Chef ist weg. – Das war knapp. Fast hätte er mich beim Zeitunglesen gesehen.

SHIRT – keep your shirt on
bleib auf dem Teppich, reg dich nicht auf:

That's the last time I'll lend you my records. – Keep your shirt on. Nothing is damaged.
Das war das letzte Mal, daß ich dir meine Platten ausleihe. – Bleib auf dem Teppich. Es ist nichts beschädigt worden.

SHOE – to be in s.o.'s shoes
in j-s Haut stecken, an j-s Stelle sein (od. stehen):

I wouldn't like to be in your shoes when this gets out.
Ich möchte nicht in deiner Haut stecken, wenn das publik wird.

SHOP – to talk shop
fachsimpeln:

He can't stop talking shop at mealtimes.
Er kann es nicht lassen, beim Essen zu fachsimpeln.

SHORT – the long and the short of it is …
kurzum:

The people next door are noisy. The neighbours on the other side are rude. The people opposite are very untidy. The long and the short of it is, this neighbourhood is going downhill.
Die Leute nebenan sind laut. Die Nachbarn auf der anderen Seite sind unhöflich. Die gegenüber sind unordentlich. Kurzum mit dieser Nachbarschaft geht es bergab.

– to be two bricks short of a load *(sl.)*
dumm sein:

Don't listen to Mick. He's two bricks short of a load.
Hör nicht auf Mick. Er ist nicht ganz da.

– to be short with s.o.
mit j-m kurz angebunden sein:

I don't know if the shopkeeper has personal problems but he was very short with his customers this morning.
Ich weiß nicht, ob der Ladenbesitzer persönliche Probleme hat, aber er war heute morgen mit den Kunden sehr kurz angebunden.

– to fall short of s.th.
(z.B. Erwartungen) nicht entsprechen:

His work fell short of the manager's expectations.
Seine Arbeit entsprach nicht den Erwartungen des Geschäftsführers.

SHOT – a long (od. **random**) **shot**
eine vage Vermutung, eine entfernte Möglichkeit:

It's a long shot, but I believe Charles is the father of Susan's baby.
Ich weiß zwar nichts Bestimmtes, aber ich glaube, Charles ist der Vater von Susans Baby.

– a shot in the arm
eine „Geldspritze":

The building industry got a $80m shot in the arm.
Die Bauindustrie bekam eine Geldspritze von 80 Mio. Dollar.

a shot in the arm

– like a shot
1. wie der Blitz, wie ein geölter Blitz:

The frightened dog ran off like a shot.
Der verängstigte Hund rannte wie der Blitz davon.

2. sofort, ohne zu zögern, ohne weiteres:

If we could help him, we would do it like a shot.
Wenn wir ihm helfen könnten, würden wir das ohne Zögern tun.

– to have a shot at s.th.
(mal) etw. versuchen, probieren:

I don't think I can drive that sports car but I would love to have a shot at it.
Ich glaube nicht, daß ich den Sportwagen fahren kann, aber ich möchte es furchtbar gern mal versuchen.

SHOULDER – straight from the shoulder
geradeheraus, unverblümt, ins Gesicht:

He told the young man straight from the shoulder what he thought of his conduct.
Er sagte dem jungen Mann unverblümt, was er von seinem Benehmen hielt.

– to shove off *(sl.)*
abhauen:

Why don't you shove off and leave me alone!
Warum haust du nicht einfach ab und läßt mich in Frieden!

SHOW – to run the show *(colloq.)*
„den Laden schmeißen":

He runs the show, even though he's not the boss of the undertaking.
Er schmeißt den ganzen Laden, auch wenn er nicht der Chef des Unternehmens ist.

to show one's hand (od. cards)

– to show one's hand (od. **cards**)
seine Karten aufdecken, offen auf den Tisch legen, offen spielen:

The estate agent asked me to name a price, but I didn't show my hand until I knew how much his client was prepared to pay.
Der Immobilienhändler forderte mich auf, ihm einen Preis zu nennen, aber ich deckte meine Karten nicht auf, bevor ich wußte, was sein Klient zu zahlen bereit war.

SHUT – to shut up *(sl.)*
das Maul, den Mund halten:

Now just you shut up and be off with you!
Jetzt halt aber den Mund und verschwinde!

SICK – to be sick (and tired) (od. **sick to death**) **of s.th.**
etw. gründlich satt haben, j-m zum Halse heraushängen:

I am sick and tired of listening to their constant complaints.
Es hängt mir zum Hals heraus, mir ständig ihre Klagen anzuhören.

SIDE – (a bit) on the cool (od. **hot** od. **expensive** usw. ...) **side**
etw. kühl (od. heiß od. teuer usw.):

That fridge is a bit on the expensive side. I've seen ones like that a lot cheaper.
Der Kühlschrank ist ein bißchen teuer. Ich habe dieselben schon viel billiger gesehen.

– to split (od. **burst, have to hold**) **one's sides ([with] laughing, with laughter)**
sich vor Lachen biegen, vor Lachen umkommen, sich ausschütten vor Lachen:

When I saw him dressed like that, I nearly split my sides with laughing.
Als ich ihn in einem solchen Aufzug sah, konnte ich mich vor Lachen kaum noch halten.

SIGHT – a sight for sore eyes
ein erfreulicher Anblick, eine Augenweide:

When all the trees are in full bloom the garden is really a sight for sore eyes!
Wenn alle Bäume in voller Blüte stehen, ist der Garten eine wahre Augenweide!

– not by a long sight
bei weitem nicht:

Is she as pretty as her sister? – Not by a long sight!
Ist sie so hübsch wie ihre Schwester? – Bei weitem nicht!

SILVER – to be born with a silver spoon in one's mouth
privilegiert sein, mit einem goldenen (od. silbernen) Löffel im Mund geboren sein:

Diana has never had to worry about money. She was born with a silver spoon in her mouth.
Diana mußte sich noch nie wegen Geld Sorgen machen. Sie ist als Privilegierte geboren worden.

SIT – to be sitting pretty
es gut haben, gut dran sein:

He was sitting pretty with six numbers right in the National Lottery.
Er war mit sechs Richtigen im Lotto gut dran.

– to sit s.th. out
1. auslassen:

I think I'll sit this dance out. I'm tired.
Ich glaube, ich werde diesen Tanz auslassen. Ich bin müde.

2. durchstehen, aussitzen:

We can't leave the concert in the middle. We'll just have to sit it out.
Wir können nicht mitten im Konzert weggehen. Wir werden bis zum Schluß durchhalten müssen.

SIX – to be six of one and half a dozen of the other
gehupft wie gesprungen sein, Jacke wie Hose sein:

Whether you do the shopping now and the housework afterwards or vice versa is really six of one and half a dozen of the other.
Ob du jetzt einkaufst und hinterher die Hausarbeit machst oder umgekehrt, ist wirklich gehupft wie gesprungen.

SKELETON – a skeleton in the cupboard (od. **a family skeleton**)
ein dunkler Punkt, ein streng gehütetes Familiengeheimnis, „eine Leiche im Keller":

Her brother's name was never mentioned. He was the skeleton in the cupboard.
Der Name ihres Bruders wurde nie erwähnt. Er war die Leiche im Keller der Familie.

SKIN – by the skin of one's teeth
um Haaresbreite, mit knapper Not:

She was saved only by the skin of her teeth.
Sie konnte mit knapper Not gerettet werden.

a skeleton in the cupboard

– to save one's skin
seine eigene Haut retten:

When the question of redundancies came up, everyone tried to save his own skin.
Als von Entlassungen die Rede war, versuchten alle, ihre eigene Haut zu retten.

SLAP-BANG – slap-bang in the middle of …
direkt (od. genau) in der Mitte von:

Jim has bought a house slap-bang in the middle of the city.
Jim hat ein Haus direkt in der Stadtmitte gekauft.

SLEEP – not to sleep a wink
kein Auge zutun:

I didn't sleep a wink last night because of the night flights overhead.
Letzte Nacht habe ich wegen der Nachtflüge über dem Haus kein Auge zugetan.

SLEEVE – to have s.th. up one's sleeve *(colloq.)*
1. etw. bereit, auf Lager, in der Hinterhand haben:

The chancellor had an emergency plan up his sleeve.
Der Kanzler hatte einen Notstandsplan auf Lager.

2. etw. im Schilde führen, etw. in petto haben:

My sister is grinning from ear to ear. I wonder what she has got up her sleeve now.
Meine Schwester grinst übers ganze Gesicht. Ich bin gespannt, was sie jetzt wieder im Schilde führt.

SLIP – a slip of the tongue
ein Versprecher:

I didn't mean to hurt her feelings when I called her by the wrong name; it was just a slip of the tongue.
Ich wollte sie nicht verletzen, als ich sie mit falschem Namen ansprach; es war ein reiner Versprecher.

SMELL – to smell a rat
Lunte (od. den Braten) riechen, einen Verdacht hegen, Verdacht schöpfen:

No matter what we tell them, they will smell a rat.
Wir können ihnen erzählen, was wir wollen, es wird ihnen verdächtig vorkommen.

SNAP – a cold snap
eine Kältewelle:

The weather forecast said we're in for a cold snap so let's order some more coal for the fire now.
Die Wettervorhersage sagte, daß wir eine Kältewelle bekommen, also bestellen wir jetzt mehr Kohle für den Ofen.

to smell a rat

SNEEZE – not to be sneezed at *(colloq.)*
nicht zu verachten sein:

He was offered a sum of money which was not to be sneezed at.
Man bot ihm einen Geldbetrag an, der nicht zu verachten war.

SOFT – to have a soft spot for s.o.
eine Schwäche für j-n haben:

He has a soft spot for dark-eyed girls.
Er hat eine Schwäche für dunkeläugige Mädchen.

SONG – for a (mere) song
„für ein Butterbrot" (od. einen Appel und ein Ei), spottbillig:

The table was going at the auction for a mere song, so I bought it.
Der Tisch war bei der Versteigerung spottbillig zu haben, da kaufte ich ihn.

– to make a song and dance (about s.th.)
einen Aufstand (über etw.) machen:

I don't want to make a song and dance about your behaviour but please remember that in future that kind of thing will not be tolerated here.
Ich möchte wegen Ihres Benehmens keinen Aufstand machen, aber bedenken Sie bitte, daß so etwas in Zukunft hier nicht geduldet wird.

SOON – as soon as...
sobald ..., auf der Stelle:

He'd rob you as soon as look at you.
Er würde dich auf der Stelle ausrauben.

SORT – to be (od. **feel) out of sorts** *(colloq.)*
(gesundheitlich) nicht auf der Höhe sein; verstimmt, schlecht gelaunt sein:

I'm feeling completely out of sorts at present.
Ich fühle mich momentan gesundheitlich gar nicht auf der Höhe.

– to be sorted for s.th. *(sl.)*
mit etw. ausgestattet sein:

You've got plenty of fish, but how are you sorted for chips?
Sie haben reichlich Fisch, aber wie sieht es bei Ihnen mit Pommes Frites aus?

– to sort s.o. (od. **s.th.) out** *(colloq.)*
1. etw. einrenken:

John and David are quarrelling over office duties again. Can you sort out the problem, please?
John und David streiten sich wieder wegen ihrer Aufgaben im Büro. Können Sie das Problem lösen?

2. j-n (oft mit Gewalt) zurechtbiegen, zurechtweisen:

If you don't move your car now, I'll come over there and sort you out.
Wenn Sie Ihr Auto nicht sofort wegfahren, komme ich und zeige Ihnen, wo es langgeht.

SPADE – to call a spade a spade
das Kind beim (richtigen) Namen nennen:

I'm not afraid to call a spade a spade: He is an impostor.
Ich scheue mich nicht, das Kind beim Namen zu nennen: Er ist ein Hochstapler.

SPARE – to go spare *(sl.)*
verrückt spielen, durchdrehen:

When she heard that her dog was dead, Jenny went spare.
Als Jenny hörte, daß ihr Hund tot war, ist sie durchgedreht.

SPIT – to be the spitting image (od. **the spit and image** od. **the dead spit) of s.o.**
j-m wie aus dem Gesicht geschnitten sein:

The girl is the spitting image of her mother.
Das Mädchen ist seiner Mutter wie aus dem Gesicht geschnitten.

SPLIT – to split the difference
sich den Differenzbetrag teilen; sich auf halbem Wege einigen, entgegenkommen:

You're asking £200, and I've offered you £120; let's split the difference and call it £160.
Du verlangst 200 Pfund, ich biete dir 120 Pfund. Einigen wir uns auf halbem Wege und sagen 160 Pfund.

SPONGE – to sponge on (od. **off**) **s.o.** *(colloq.)*
auf j-s Kosten leben, j-m auf der Tasche liegen:

He was wealthy and tired of always being sponged on by his relatives.
Er war wohlhabend und hatte es satt, daß ihm seine Verwandten ständig auf der Tasche lagen.

SPOT – spot on *(sl.)*
ganz genau:

I would say that shirt cost about twenty pounds. – That's spot on. It was exactly twenty pounds.
Ich würde sagen, das Hemd hat ungefähr zwanzig Pfund gekostet. – Ganz genau. Es hat genau zwanzig Pfund gekostet.

SPREAD – a good spread
eine üppige Mahlzeit:

When you visit them, you can always be sure of a good spread. They enjoy their food and there is always plenty of it.
Wenn Sie sie besuchen, können Sie sicher sein, daß reichlich aufgetischt wird. Sie essen gerne, und es gibt dort immer reichlich.

SQUARE – to be a square peg in a round hole
an der falschen Stelle stehen, nicht am richtigen Platz, am falschen Platz sein:

Michael is only interested in music. He's something of a square peg in a round hole in that solicitor's office.
Michael interessiert sich nur für Musik. Er ist in dem Notariat am falschen Platz.

– to square the circle
das Unmögliche vollbringen, die Quadratur des Kreises versuchen:

I'm afraid your efforts to make him change his mind are in vain. It's no use trying to square the circle.
Ich fürchte, deine Bemühungen, ihn umzustimmen, sind vergeblich. Es ist sinnlos, Unmögliches zu versuchen.

STAKE – to be at stake
auf dem Spiel stehen:

Her whole future was at stake at this interview.
Ihre gesamte Zukunft stand bei dieser Unterredung auf dem Spiel.

STAND – as it stands
im gegenwärtigen Zustand, so wie es jetzt aussieht:

Well, as it stands, you haven't got enough credits to go on to the next level. But keep trying and you'll get there.
Also, so wie es jetzt aussieht, hast du noch nicht genug Pluspunkte, um die nächste Stufe zu erreichen. Aber bleib dran, und du wirst es schaffen.

– not to stand for s.th.
etw. nicht dulden:

Turn off that music. I won't stand for noise while I'm working.
Schalte die Musik ab. Ich dulde keinen Lärm, während ich arbeite.

– to stand corrected
etw. eingestehen, alles zurücknehmen:

No, I'm not fifty. I'm only forty-nine years old. – Oh, I stand corrected. I take it all back. You aren't old.
Nein, ich bin noch keine fünfzig. Ich bin erst neunundvierzig Jahre alt. – Ach, ich bitte sehr um Verzeihung. Ich nehme alles zurück. Sie sind gar nicht alt.

– to stand for s.th.
1. etw. bedeuten:

M. D. stands for „Medicinae Doctor".
M. D. bedeutet „Medicinae Doctor".

2. etw. darstellen:

He dislikes school and all it stands for.
Er kann die Schule und alles, was damit zu tun hat, nicht leiden.

3. *(Br.)* für etw. kandidieren:

Stephen Richards is standing for a seat in Parliament.
Stephen Richards kandidiert für einen Sitz im Parlament.

– to stand in for s.o.
für j-n einspringen:

Whenever the manager was called away his assistant stood in for him.
Immer wenn der Manager wegmußte, sprang sein Assistent für ihn ein.

– to stand on ceremony
die Etikette beachten, sehr förmlich sein:

Don't stand on ceremony, please – make yourself at home.
Mach bitte keine Umstände und fühl dich wie zu Hause.

– to stand s.o. in good stead
j-m zugute (od. zustatten) kommen, j-m nützlich sein:

I had taken an umbrella with me. It stood me in good stead when the rain began to pour down.
Ich hatte einen Regenschirm mitgenommen. Er leistete mir gute Dienste, als es zu schütten anfing.

– it stands to reason (that ...)
es ist klar (od. logisch) (, daß ...):

If you are visiting the USA, it stands to reason that you should visit New York, too.
Wenn Ihr die Vereinigten Staaten besucht, ist es doch logisch, daß Ihr auch New York besichtigt.

– to stand up for s.o. (od. s.th.)
zu j-m halten, für j-n (od. etw.) eintreten:

Anyway she's my sister, and I must stand up for her.
Immerhin ist sie meine Schwester, und ich muß zu ihr halten.

STANDBY – on standby
in Wartestellung, Bereitschaft, einsatzbereit:

No, I won't have any more wine, thank you. I'm on standby for the hospital. – All right, doctor. As you wish.
Nein, ich möchte keinen Wein mehr, danke. Ich habe Bereitschaftsdienst im Krankenhaus. – In Ordnung, Herr Doktor. Wie Sie wünschen.

STARE – s.th. stares s.o. in the face *(colloq.)*
etw. ist nicht zu übersehen:

I can't understand why I couldn't find my briefcase. It was on the table in the hall. It had been staring me in the face all the time.
Ich verstehe nicht, warum ich meine Mappe nicht finden konnte. Sie lag auf dem Tisch im Flur. Sie war wirklich nicht zu übersehen.

STAY – to stay put *(colloq.)*
1. sich nicht (vom Fleck) rühren, (am Platz) bleiben:

He had cut his finger and had to stay put while his wife went to fetch a bandage.
Er hatte sich in den Finger geschnitten und durfte sich nicht rühren, während seine Frau einen Verband holen ging.

2. halten:

This roller won't stay put. It falls out every time.
Dieser Lockenwickler will nicht halten. Er fällt jedesmal wieder heraus.

STICK – to stick one's neck out *(sl.)*
seinen Kopf riskieren, „sich was trauen":

The minister is a politician who isn't afraid to stick his neck out.
Der Minister ist ein Politiker, der vor einem Risiko nicht zurückschreckt.

STINT – (not) to stint on s.th.
(nicht) an (od. mit) etw. geizen:

The firm hasn't stinted on the office party this Christmas. There will be real champagne for everyone.
Die Firma hat bei der Weihnachtsfeier im Büro an nichts gespart. Es wird für jeden echten Champagner geben.

– to do a stint on s.th.
eine Zeitlang an etw. arbeiten:

When I was at college, I had to do a stint on Middle High German. That was hard work, I can tell you.
Als ich auf der Hochschule war, mußte ich auch eine Zeitlang Mittelhochdeutsch studieren. Das war ein hartes Stück Arbeit, sage ich Ihnen.

STONE – (with)in a stone's throw of ...
nur ein Katzensprung von ...(entfernt):

They are living (with)in a stone's throw of the British Museum.
Sie wohnen nur einen Katzensprung vom Britischen Museum entfernt.

STORE – to be in store for s.o.
j-m bevorstehen, auf j-n warten:

There's a treat in store for you: You've won a trip to the Bahamas in the prize competition.
Dir steht eine angenehme Überraschung bevor: Du hast bei dem Preisausschreiben eine Reise zu den Bahamas gewonnen.

  – to set great (od. **little** od. **not much** od. **no**) **store by s.th.**
großen (od. geringen od. nicht viel od. keinen) Wert auf etw. legen, viel (od. wenig od. nicht viel od. nichts) von etw. halten:

Young people seldom set much store by tradition.
Junge Leute halten selten viel von Tradition.

STORY – to cut a long story short
um es kurz zu machen, kurz und gut:

To cut a long story short – he won and I lost.
Kurz und gut – er hat gewonnen, und ich habe verloren.

STRAIGHT – a straight answer
eine ehrliche, unverblümte Antwort:

Give me a straight answer, doctor. How long have I got left?
Geben Sie mir eine ehrliche Antwort, Herr Doktor. Wie lange habe ich noch?

  – straight up *(sl.)*
ehrlich!:

Jim sold his car and now he rides a bike to work every morning, rain or shine. Straight up.
Jim hat sein Auto verkauft, und jetzt fährt er morgens bei jedem Wetter mit dem Fahrrad zur Arbeit. Ehrlich.

– to give it to s.o. straight
mit j-m Tacheles reden, j-m die Leviten lesen, j-m etw. ohne Umschweife sagen:

When I discovered he had been missing school, I gave it to him straight. I said either he went to school regularly or I would send him out to get a job.
Als ich entdeckte, daß er die Schule geschwänzt hatte, habe ich mit ihm Tacheles geredet. Ich sagte, entweder soll er regelmäßig zur Schule gehen, oder ich würde ihn auf Arbeitssuche schicken.

– to keep a straight face
einen Lacher unterdrücken, ernst bleiben:

The bride looked so funny at the altar that the vicar could hardly keep a straight face during the marriage ceremony.
Die Braut sah am Altar so komisch aus, daß der Priester während der Trauung kaum ernst bleiben konnte.

STREET – to be right up one's street
j-m gut passen, genau nach dem Geschmack von j-m sein:

Thank you for the offer. That's right up my street. I'll be glad to do the work for you.
Vielen Dank für das Angebot. Das paßt mir ausgezeichnet. Ich werde die Arbeit liebend gerne für Sie machen.

STRETCH – to stretch one's legs
sich die Beine vertreten:

After sitting down for a long time it's necessary to stretch one's legs every now and then.
Wenn man lange gesessen hat, muß man sich hin und wieder einmal die Beine vertreten.

STRIKE – to strike a bargain
ein Geschäft machen, handelseinig werden:

We struck a bargain: Perkins let me have his car and I gave him my motorcycle in exchange.
Wir wurden handelseinig: Perkins überließ mir sein Auto, und ich gab ihm dafür mein Motorrad.

– to strike s.o. as ...
j-m (als) ... erscheinen:

This may strike you as harsh but I intend to shut the factory down.
Dies mag Ihnen brutal erscheinen, aber ich werde die Fabrik dichtmachen.

– to strike while the iron is hot
das Eisen schmieden, solange es heiß ist; die Gelegenheit ausnutzen:

Don't wait any longer! You must strike while the iron is hot.
Warte nicht länger! Du mußt das Eisen schmieden, solange es heiß ist.

STRING – to have s.o. on a string *(colloq.)*
j-n am Gängelband, in seiner Gewalt, an der Leine haben:

She liked to have several admirers on a string at the same time.
Es gefiel ihr, mehrere Verehrer zugleich an der Leine zu haben.

STUCK – to be stuck for s.th. *(colloq.)*
j-m etw. fehlen:

I'm afraid I'm stuck for some coins for the telephone. Could you possibly change this note?
Mir fehlen leider ein paar Münzen für das Telefon. Könnten Sie mir vielleicht diesen Geldschein wechseln?

SUFFER – not to suffer fools gladly
Narren nicht leiden können:

We know that Joan is tolerant and kind in general, but she doesn't suffer fools gladly, so be careful what you say.
Wir wissen, daß Joan im allgemeinen tolerant und nett ist, aber sie kann Narren nicht leiden, also sei vorsichtig, was du sagst.

She liked to have several admirers on a string at the same time.

SUNDAY – a month of Sundays
„eine Ewigkeit", lange Zeit:

I was so glad to see my parents again. I hadn't been home for a month of Sundays.
Ich freute mich so, als ich meine Eltern wiedersah. Ich war eine Ewigkeit nicht mehr zu Hause gewesen.

SWEEP – to make a clean sweep of s.th.
mit etw. „aufräumen", reinen Tisch machen:

The young couple made a clean sweep of the prizes. They won the awards for best singer, best songwriter and best video.
Das junge Paar räumte alle Preise ab. Sie gewannen die Titel für ‚besten Sänger', ‚besten Komponisten' und ‚bestes Video'.

– to sweep s.o. off his od. **her** usw. **feet** *(colloq.)*
j-n hin- (od. mit)reißen, j-n überwältigen, j-n „umhauen":

As soon as he saw her, he was swept off his feet by her beauty.
Sobald er sie sah, war er von ihrer Schönheit hingerissen.

The singer swept her audience off their feet.
Die Sängerin riß das Publikum zu Begeisterungsstürmen hin.

SWEET – to have a sweet tooth
ein Leckermäulchen sein, Süßigkeiten mögen:

I'll take her some chocolates. I know she has a sweet tooth.
Ich bringe ihr Pralinen mit. Ich weiß, sie ißt gern Süßigkeiten.

– to keep s.o. sweet
j-n bei Laune halten:

Jim, I want you to take the customer to a nice restaurant this evening. We must keep him sweet until he has signed the contract.
Jim, ich möchte, daß Sie den Kunden heute abend in ein schönes Restaurant ausführen. Wir müssen ihn bei Laune halten, bis er den Vertrag unterschrieben hat.

SWITCHED – to be very switched on (od. **be a switched-on person**) *(sl.)*
auf Draht sein, eine aufgeweckte Person sein:

You'll like Penelope. She's a very switched-on woman. She knows simply everything that's happening in this town.
Du wirst Penelope mögen. Sie ist schwer auf Draht. Sie weiß einfach alles, was in dieser Stadt passiert.

T

T – to a T
haargenau:

The new dress fits her to a T.
Das neue Kleid paßt ihr wie angegossen.

Your plan suits me to a T.
Dein Plan paßt mir ganz ausgezeichnet ins Konzept.

TAKE – (not) to be able to take a joke
(keinen) Spaß verstehen:

The boys like their teacher because he can take a joke.
Die Jungen mögen ihren Lehrer, weil er Spaß versteht.

– take it from me! (od. **take my word for it!**)
verlaß dich drauf!, das sag' ich dir!:

I'll pay you back for your insolent behaviour. Take my word for it!
Ich werde dir deine Frechheit heimzahlen, verlaß dich drauf!

– take it or leave it
Ja oder nein, wie Sie wollen.

I think £2000 is far too much for this carpet. I've seen much cheaper ones elsewhere. – Take it or leave it. That's my price!
Ich finde, 2000 Pfund sind viel zuviel für diesen Teppich. Ich habe anderswo viel billigere gesehen.— Wie Sie wollen. Das ist jedenfalls mein Preis.

– to be taken with (od. **by**) **s.th.** (od. **s.o.**)
von etw. (od. j-m) eingenommen sein:

He was quite taken with her beautiful eyes.
Ihre schönen Augen hatten es ihm angetan.

– to take a liking (od. **a dislike**) **to s.o.** (od. **s.th.**)
j-n (od. etw.) (nicht) leiden können, j-n (od. etw.) (nicht) gern mögen:

The child took a liking to the dog at once.
Das Kind hatte den Hund sofort ins Herz geschlossen.

– to take after s.o.
j-m nachschlagen, ähneln:

The girl takes after her mother's family.
Das Mädchen schlägt der mütterlichen Linie nach.

– to take exception to s.th.
1. an etw. Anstoß nehmen, an etw. etw. auszusetzen haben:

The old lady took exception to the rude answers she got from her nephew.
Die alte Dame nahm Anstoß an den ungezogenen Antworten, die sie von ihrem Neffen bekam.

2. etw. übelnehmen, wegen etw. beleidigt sein:

Edith took exception to my assertion that she was in a bad temper.
Edith nahm mir meine Bemerkung übel, daß sie schlecht gelaunt sei.

– to take offence (at s.th.)
(wegen etw.) beleidigt sein:

I hope you won't take offence at my criticism.
Ich hoffe, du nimmst mir meine Kritik nicht übel.

– to take s.o. down a peg (or two)
j-m einen gehörigen Dämpfer versetzen:

He's so arrogant. He needs to be taken down a peg or two.
Er ist so arrogant. Man muß ihm einmal einen gehörigen Dämpfer versetzen.

– to take s.o. to task
j-n „ins Gebet nehmen", j-m die Leviten lesen, j-n tadeln:

I must take the boy to task for his forgetfulness.
Ich muß dem Jungen wegen seiner Vergeßlichkeit die Leviten lesen.

– to take s.th. in one's stride
etw. spielend leicht schaffen:

He was a bright student and took all his examinations in his stride.
Er war ein glänzender Student und schaffte spielend alle Examen.

– to take stock
Bilanz ziehen, sich über seine Lage klarwerden:

It is only now that we have a breathing space in which to take stock.
Erst jetzt haben wir eine Atempause, um uns über unsere Lage klarzuwerden.

On New Year's Eve we like to take stock of the events of the past year.
Am Silvesterabend ziehen wir gern Bilanz über die Ereignisse des vergangenen Jahres.

– to take the biscuit (od. **the cake**)
die Höhe sein, dem Faß den Boden ausschlagen:

Now the insurance people say they won't pay compensation for the fire. Doesn't that just about take the biscuit!
Jetzt sagen die Leute von der Versicherung, daß sie für den Brand keine Entschädigung zahlen werden. Ist das nicht die Höhe!

– to take the plunge
den Sprung (ins Ungewisse), den entscheidenden Schritt wagen:

When will they take the plunge and get married?
Wann werden sie den Schritt ins Ungewisse wagen und heiraten?

– to take to s.th.
etw. anfangen, zu etw. werden:

The one-time star, finding himself no longer in favour, took to drinking.
Der ehemalige Filmstar begann zu trinken, nachdem er nicht mehr gefragt war.

TALK – to talk s.o. into s.th. *(colloq.)*
j-n überreden, etw. zu tun:

All right, I'll come with you. You've talked me into it.
In Ordnung, ich komme mit. Du hast mich überredet.

TALL – a tall story
ein Lügenmärchen:

Don't expect me to believe such a tall story.
Glaub doch nicht, daß ich dir eine solche Lügengeschichte abnehme!

TEETH – in the teeth of
trotz, ungeachtet:

The ship headed north in the teeth of a steadily rising gale.
Das Schiff fuhr Richtung Norden trotz eines aufkommenden Sturms.

They married in the teeth of their parents' strong disapproval.
Sie heirateten, obwohl ihre Eltern strikt dagegen waren.

TEND – to tend to ...
zu ... neigen:

This car tends to stop whenever it rains.
Dieses Auto neigt dazu, bei Regenwetter stehenzubleiben.

TERMS – to be on good (od. **bad**) **terms with s.o.**
mit j-m auf gutem (od. schlechtem) Fuß stehen:

The woman lived on good terms with her neighbours.
Die Frau lebte mit ihren Nachbarn auf gutem Fuß.

– in terms of
im Sinne, in Form, hinsichtlich, unter dem Aspekt:

I want you to look at space travel in terms of how many jobs it will create here on Earth.
Ich möchte, daß Sie die Raumfahrt unter dem Aspekt betrachten, wie viele Arbeitsplätze sie hier auf der Erde schaffen wird.

– not to be on speaking terms
nicht (mehr) miteinander sprechen, miteinander böse sein:

We were friends for a long time, but we fell out and are no longer on speaking terms.
Wir waren lange Zeit Freunde, aber wir haben uns verkracht und reden jetzt nicht mehr miteinander.

– to come to terms with s.th.
sich mit etw. arrangieren (od. abfinden):

We will all have to come to terms with the fact that people no longer want to buy our products.
Wir müssen uns mit der Tatsache arrangieren, daß man unsere Produkte nicht mehr kaufen will.

TETHER – to be at the end of one's tether
am Ende seiner Kraft, seines Lateins sein, nicht mehr weiterkönnen, weiterwissen:

The poverty-stricken country was at the end of its tether.
Das verarmte Land war am Ende seiner Kraft.

THICK – in the thick of ...
mitten in ...:

During the battle, the king was in the thick of it.
Während der Schlacht befand sich der König mitten im dichtesten Gewühl.

He's still in the thick of talking to lawyers about it! It's best not to do anything yet.
Er steckt mitten in Gesprächen mit Anwälten. Am besten unternehmen Sie noch nichts.

– to come thick and fast
vor ... hageln:

After she had appeared on television, the jobs offers came so thick and fast that she didn't even have time to read them all.
Nachdem sie im Fernsehen aufgetreten war, hagelte es so vor Stellenangeboten, daß sie nicht einmal Zeit hatte, sie alle zu lesen.

THING – a good thing ...
zum Glück:

It's a good thing it isn't raining.
Zum Glück regnet es nicht.

– it's just one of those things
da kann man nichts machen:

You failed your driving test? Well, it's just one of those things. You'll have to try again!
Du bist durch die Fahrprüfung gefallen? Na ja, da kann man nichts machen! Du wirst es eben noch einmal probieren müssen.

– the thing (about s.th. od. s.o.) is (that) …
1. die Sache ist die, …:

You know you invited me to your party? Well, the thing is, I'm busy that day. Sorry.
Du weißt, daß du mich zu deiner Fete eingeladen hast? Nun, die Sache ist die, an dem Tag bin ich leider beschäftigt.

2. mit etw. ein Problem haben – nämlich …:

The thing about this chair is that it isn't comfortable.
Das Problem mit diesem Stuhl ist, daß er unbequem ist.

The thing about Charlie is that you can't trust him to do what he promises.
Die Sache mit Charlie ist, daß du dich nicht darauf verlassen kannst, daß er tut, was er verspricht.

– to have a (od. this) thing about s.th. *(colloq.)*
1. eine starke Vorliebe für etw. haben:

She has a thing about red-haired people. All her boyfriends have had red hair.
Sie hat eine starke Vorliebe für Rothaarige. Alle ihre Freunde hatten rote Haare.

2. eine starke Abneigung gegen etw. haben:

She has a thing about snakes. She can't abide them.
Sie hat eine Abneigung gegen Schlangen. Sie kann sie nicht ausstehen.

THINK – to think the world of s.th. (od. s.o.)
auf j-n (od. etw.) große Stücke halten, j-n vergöttern:

They think the world of their grandchildren. They can't do enough for them.
Sie vergöttern ihre Enkel. Sie können nicht genug für sie tun.

THOUGHT – not to give s.th. another (od. a second) thought
keine Ursache:

Thank you for the box of books. – Don't give it another thought. I've read them all.
Danke für die Kiste mit Büchern. – Keine Ursache, ich habe sie schon alle gelesen.

THREESOME – a threesome (od. twosome od. foursome)
eine Dreiergruppe (od. Zweier- od. Vierergruppe):

Joan and Harry are joining me and we're going as a threesome.
Joan und Harry schließen sich mir an, und wir gehen als Dreiergruppe.

THROUGH – to take (od. talk) s.o. through s.th. *(colloq.)*
j-m etw. erklären:

This coronation ceremony is new to you. Let me take you through it step by step.
Diese Krönungszeremonie ist Ihnen neu. Lassen Sie mich sie Ihnen Schritt für Schritt erklären.

THROW – to throw a spanner in(to) the works
ein Hindernis in den Weg legen, die Sache hintertreiben:

Whatever we do, he will put up resistance and try to throw a spanner in(to) the works.
Was wir auch tun, er wird uns Widerstand leisten und die Sache zu hintertreiben versuchen.

THUMB – under s.o.'s thumb
unter j-s Fuchtel:

Her husband has her completely under his thumb.
Ihr Mann hat sie vollkommen unter seiner Fuchtel.

TICK – in a tick
gleich, sofort, Augenblick:

Can you come in here, Ken? – Yes, in a tick. I'm still on the phone to Georgina.
Kannst du mal reinkommen, Ken? – Ja, sofort. Ich telefoniere noch mit Georgina.

– to make s.o. (od. s.th.) tick *(colloq.)*
die Triebfeder für j-s Handeln sein, j-s Motivation sein:

I shall never find out what makes him tick. Is it ambition or greed?
Ich werde nie herausfinden, was bei ihm dahintersteckt. Ist es Ehrgeiz oder Habsucht?

– to tick s.o. off *(colloq.)*
mit j-m schimpfen:

My doctor ticked me off because I hadn't followed his instructions.
Mein Arzt hat mit mir geschimpft, weil ich mich nicht an seine Vorschriften gehalten hatte.

TIED – to be (all) tied up
(voll)beschäftigt, ausgebucht sein, Verpflichtungen haben:

Can we have our next meeting on the fifth of next month? – No, not the fifth. I'm all tied up that day.
Können wir unsere nächste Sitzung am Fünften nächsten Monats abhalten? – Nein, am Fünften nicht. An dem Tag bin ich ausgebucht.

TIGHT – to be in a tight corner (od. spot)
in der Klemme sein:

I'm in a bit of a tight corner at the moment. Would you mind waiting a little longer for the money I owe you?
Ich bin zur Zeit ein bißchen in der Klemme. Macht es dir etwas aus, noch etwas länger auf das Geld zu warten, das ich dir schulde?

Nobody knows how we got out of this tight spot. It was pure luck.
Niemand weiß, wie wir aus dieser Klemme herauskamen. Wir hatten dabei mehr Glück als Verstand.

TIME – for the time being
im Augenblick, vorläufig, fürs erste:

We are not going to take legal action for the time being.
Wir werden vorläufig nicht gerichtlich vorgehen.

TIP – to have s.th. on the tip of one's tongue
1. etw. auf der Zunge haben, etw. sagen wollen:

I had a sharp retort on the tip of my tongue, but I refrained from saying anything.
Eine scharfe Entgegnung lag mir auf der Zunge, aber ich unterließ es, etwas zu sagen.

2. etw. liegt einem auf der Zunge:

I had his name on the tip of my tongue, but try as I might I couldn't think of it any more.
Sein Name lag mir auf der Zunge, aber wie sehr ich mich auch anstrengte, ich kam nicht darauf.

TIT – to give s.o. tit for tat
es j-m mit gleicher Münze heimzuzahlen:

He insulted her severely, but she gave him tit for tat.
Er beleidigte sie schwer, aber sie zahlte es ihm mit gleicher Münze heim.

TO – what's that to me?
was habe ich damit zu tun?, was geht mich das an?:

Well, what if you have seen the film before? What's that to me? I haven't seen it yet.
Na, auch wenn Sie den Film schon gesehen haben, was hat das mit mir zu tun? Ich habe ihn noch nicht gesehen.

TOE – to keep s.o. on their toes
j-n wachhalten, j-n auf Zack halten:

I want you to keep everybody in the factory on their toes this morning. The Managing Director is visiting us from London at ten o'clock.
Ich möchte, daß Sie heute morgen alle Mitarbeiter in der Fabrik auf Zack halten. Der Generaldirektor aus London besucht uns um zehn Uhr.

– tread on s.o.'s toes
j-m in die Quere kommen, j-m auf die Hühneraugen treten:

John was careful not to tread on anybody's toes in the office for his probationary year.
John paßte auf, daß er in seinem Probejahr niemandem im Büro in die Quere kam.

TOGETHER – put our (od. **your** usw.) **heads together** *(colloq.)*
gemeinsam überlegen:

I want you to put your heads together over this problem and see if you can find a solution together.
Ich möchte, daß Ihr euch dieses Problem gemeinsam überlegt, und guckt, ob ihr zusammen eine Lösung finden könnt.

TONGUE – tongue in cheek
ironisch, nicht ohne Hintergedanken (od. nicht ehrlich) gemeint:

He made a thousand excuses, but I knew he was speaking tongue in cheek.
Er fand tausend Entschuldigungen, aber ich wußte, daß seine Worte nicht ehrlich gemeint waren.

TOOTH – long in the tooth
alt, bejahrt:

She's a bit too long in the tooth to wear this kind of frilly dress.
Sie ist ein bißchen zu alt für diese Art von verspielten Kleidern.

– to fight s.o. (od. **s.th.**) **tooth and nail**
j-n (od. etw.) bis aufs Messer, mit allen Mitteln bekämpfen:

The farmers fought the new measures tooth and nail.
Die Bauern bekämpften die neuen Maßnahmen mit allen Mitteln.

TOP – over the top (od. Abk. **O.T.T.**)
übertrieben, überzogen, zu viel des Guten:

I like a good party as much as anybody, but John and Patricia's party was completely over the top. They hired an orchestra for it.
Ich mag eine gute Party wie jeder, aber die von John und Patricia war völlig übertrieben. Sie haben ein Orchester dafür gemietet.

TOUCH – it was (a case of) touch and go
es stand auf des Messers Schneide:

It was touch and go whether the child would survive.
Es stand auf des Messers Schneide, ob das Kind überleben würde.

– touch wood!
toi, toi, toi!, unberufen!:

I haven't had an accident with this car as yet, touch wood!
Ich hatte bis jetzt mit diesem Wagen noch keinen Unfall, toi, toi, toi!

TRACK – to be off the beaten track
abseits, abgelegen:

John's house is quite hard to find. It's right off the beaten track.
Es ist schwer, Johns Haus zu finden. Es liegt ganz abseits.

– to keep to the beaten track
sich in ausgefahrenen Gleisen bewegen, nichts Originelles tun:

He never has a new idea; he always keeps to the beaten track.
Er hat nie eine neue Idee; immer bewegt er sich in ausgefahrenen Gleisen.

TRACKS – to make tracks
1. sich auf die Socken machen:

It's time! Let's make tracks for home!
Es ist Zeit! Machen wir uns auf die Socken und gehen nach Hause!

2. sich aus dem Staub machen, abhauen:

When he saw the police coming, he made tracks.
Als er die Polizisten kommen sah, machte er sich aus dem Staub.

TRIAL – by trial and error
durch Versuch und Irrtum (od. Ausprobieren):

Some people like to approach a problem systematically, whereas others prefer the method of trial and error to find a solution.
Manche Menschen gehen systematisch an ein Problem heran, andere wiederum ziehen die Methode von Versuch und Irrtum vor, um eine Lösung zu finden.

TRICK – to do the trick
den gewünschten Zweck erfüllen:

Put another nail in there, that will do the trick.
Schlag dort noch einen Nagel ein, das müßte hinhauen.

TRUCK – to have no truck with s.o. (od. s.th.) *(colloq.)*
mit j-m (od. etw.) nichts zu tun haben:

She wouldn't have the slightest truck with these people.
Sie wollte mit diesen Leuten nicht das geringste zu tun haben.

TRUMP – to turn (od. come) up trumps
etw. glücklich lösen:

Dear old Harry has turned up trumps again.
He has found someone who will sell us a whole pig cheap.
Der liebe alte Harry hat es wieder geschafft. Er hat jemanden gefunden, der uns ein ganzes Schwein billig verkauft.

TRY – to try s.th. on *(sl.)*
1. etw. anprobieren:

Can I try this pullover on, please?
Kann ich diesen Pullover bitte anprobieren?

2. versuchen, j-n reinzulegen:

Ken was trying it on with John, but John told him he wasn't interested in his tricks.
Ken versuchte, John reinzulegen, aber John sagte ihm, daß er sich für seine Tricks nicht interessiere.

TUNE – to change one's (od. sing another) tune
einen anderen Ton anschlagen:

Seeing how angry her father was, she changed her tune.
Als sie sah, wie zornig ihr Vater war, schlug sie einen anderen Ton an.

TURN – a good turn
ein Gefallen:

John will remember you helped him once. He never forgets a good turn.
John wird sich daran erinnern, daß du ihm mal geholfen hast. Er vergißt nie, wenn jemand ihm einen Gefallen getan hat.

– not to turn a hair
unbeweglich bleiben, nicht mit der Wimper zucken:

When the defendant heard his life sentence he didn't turn a hair.
Als der Angeklagte das Urteil „lebenslänglich" hörte, zuckte er nicht mit der Wimper.

– to turn down
ablehnen:

Did you accept their offer of a job? – No, I turned it down. The money wasn't good enough.
Hast du ihr Stellenangebot akzeptiert? – Nein, ich habe es abgelehnt. Sie zahlten nicht genug.

– to turn in
sich schlafen legen:

I'm tired. I'm going to turn in now
Ich bin müde. Ich gehe jetzt ins Bett.

– to turn out well (od. **badly** usw.)
(miß)glücken:

In spite of our fears, the project turned out well.
Trotz unserer Befürchtungen glückte das Projekt.

– to turn s.o. in
j-n bei der Polizei anzeigen:

Jerry is in gaol. His own parents turned him into the police for drug--dealing.
Jerry sitzt im Gefängnis. Seine eigenen Eltern haben ihn bei der Polizei wegen Drogenhandels angezeigt.

– to turn up (at ...)
(bei ...od. an ...usw.) erscheinen, auftauchen:

I know we haven't been invited to the party but if we just turn up, they won't throw us out, will they?
Ich weiß, daß wir zur Fete nicht eingeladen worden sind, aber wenn wir einfach erscheinen, werden sie uns doch nicht rauswerfen, oder?

TWIG – to twig s.th. *(sl.)*
etw. herausfinden, dämmern:

I tried to sell them the car, but they twigged that it wouldn't pass the next M.O.T. because of the rust.
Ich versuchte, ihnen das Auto zu verkaufen, aber sie bekamen es heraus, daß es wegen Rost nicht durch den nächsten TÜV kommen würde.

U

UNAWARES – to take (od. catch) s.o. unawares
j-n überraschen:

A pickpocket took him unawares as he was tying up his shoelaces.
Ein Taschendieb raubte ihn unbemerkt aus, als er seine Schnürsenkel zuband.

UP – not to be up to much *(colloq.)*
nicht viel taugen, nicht viel wert sein:

Richard's birthday party wasn't up to much.
Richards Geburtstagsparty taugte nicht viel.

– to be up against it
in der Klemme sein, aufgeschmissen sein:

If help doesn't come soon, we shall be up against it.
Wenn uns nicht bald jemand zu Hilfe kommt, sind wir aufgeschmissen.

– it is up to s.o. (to do s.th.)
es ist (od. liegt) an j-m (, etw. zu tun):

They took the first step towards a reconciliation. It's now up to you to meet them halfway.
Sie haben den ersten Schritt zur Versöhnung getan. Jetzt ist es an dir, ihnen auf halbem Wege entgegenzukommen.

– to be up to s.th. (od. be up to no good) *(colloq.)*
etw. im Schilde führen:

Take care! That boy is always up to something.
Nimm dich in acht! Der Junge da führt ständig was im Schilde.

– to be up with s.th. *(colloq.)*
1. los sein mit j-m:

What's up with John? He's acting strangely today.
Was ist mit John los? Er benimmt sich heute so komisch.

2. sich auskennen mit etw.:

Are you up with the latest computer models? Maybe you can help me.
Kennst du dich mit den neusten Computermodellen aus? Vielleicht kannst du mir helfen.

UPFRONT – to be very upfront (about s.th.) *(sl.)*
offen, ehrlich (über etw.) sein:

Harry was very upfront about his dealings with South America. He told us all the details without hiding anything.
Harry war ganz offen, was seine Geschäfte mit Südamerika angeht. Er erzählte uns alle Einzelheiten, ohne irgend etwas zu verbergen.

– to want s.th. upfront *(sl.)*
einen Vorschuß haben wollen:

If I write this book for you, I will want half the money upfront and the rest when the book is printed.
Wenn ich dieses Buch für Sie schreiben sollte, will ich die Hälfte des Geldes als Vorschuß sofort und den Rest, wenn das Buch gedruckt ist.

UPSET – to be upset (with s.o.) (over od. **about s.th.)**
ärgerlich, traurig (über j-n [wegen etw.]) sein:

John is looking very unhappy. – Yes, he's upset with his wife over what happened at the weekend.
John sieht sehr unglücklich aus. – Ja, er ist ärgerlich über seine Frau wegen dem, was am Wochenende passiert ist.

UPTAKE – to be quick (od. **slow** usw.) **on the uptake**
eine schnelle Auffassungsgabe haben, schnell „schalten" (od. schwer von Begriff sein, eine „lange Leitung haben"):

Barbara is a bright girl and quick on the uptake.
Barbara ist ein gescheites Mädchen und hat eine schnelle Auffassungsgabe.

USEFUL – about as useful as ... *(ironisch)*
so nutzlos wie ...:

David's no help in looking after small children. He's about as useful as a chocolate teapot.
David ist keine große Hilfe, wenn es darum geht, auf Kleinkinder aufzupassen. Er ist völlig nutzlos.

V

VERY – that (od. **this**) **very ...**
(zur Betonung) ausgerechnet, noch, allein:

And I shall write to the Mayor this very day and complain.
Und ich werde den Herrn Bürgermeister heute noch anschreiben und mich beschweren.

Me, wear a top hat – the very idea!
Ich soll einen Zylinder tragen? Allein die Idee!

VIEW – to take a light (od. **grave** od. **one-sided** od. **poor** usw.) **view of s.th.**
etw. optimistisch (od. ernst od. einseitig od. schlecht usw.) beurteilen:

You shouldn't take such a serious view of things.
Du solltest nicht alles so ernst nehmen.

W

WAGGON – to be (od. **go**) **on the (water) waggon** *(colloq.)*
dem Alkohol abgeschworen haben, das Trinken aufgegeben haben:

He was a real drunkard, but now he's on the waggon.
Er war wirklich ein Säufer, aber jetzt hat er das Trinken aufgegeben.

WAIT – wait for it
1. abwarten, nicht frühzeitig handeln:

Get ready to jump together. Wait for it! Okay, now!
Macht euch fertig, alle gleichzeitig zu springen. Moment mal! Also jetzt!

2. warte, der Witz kommt jetzt erst:

And then she said – wait for it! – "I'm emigrating to Australia."
Und dann sagte sie –man höre und staune – „Ich wandere nach Australien aus."

WASTE – to waste one's breath (od. **words**)
seine Worte verschwenden, in den Wind reden:

Don't waste your breath. They won't take your advice.
Spar dir deine Worte! Sie werden nicht auf deinen Rat hören.

WATCH – watch it!
aufpassen, Vorsicht!:

You'd better watch it. The foreman has orders to sack anyone caught coming in late.
Du solltest besser aufpassen. Der Vorarbeiter hat die Anweisung, jeden zu feuern, der beim Zuspätkommen erwischt wird.

WAY – to go out of one's way to do s.th.
sich ganz besonders anstrengen, sich besondere Mühe geben, etw. zu tun:

She went out of her way to satisfy us.
Sie gab sich besondere Mühe, uns zufriedenzustellen.

– **to have one's own way**
seinen Willen, Kopf durchsetzen:

He always wants to have his own way without consideration for his fellow men.
Er will immer seinen Willen durchsetzen, ohne Rücksicht auf seine Mitmenschen.

WEATHER – to be (od. **feel**) **under the weather** *(colloq.)*
sich „mies", nicht gut, nicht wohl fühlen:

She is feeling rather under the weather and won't come to our meeting tonight.
Sie fühlt sich gar nicht gut und wird heute abend nicht zu unserem Treffen kommen.

WEIGHT – to take the weight off one's feet
sich setzen:

You must be tired after a hard morning's shopping. Come in and take the weight off your feet.
Du bist sicher müde, nachdem du den ganzen Vormittag einkaufen warst. Komm herein und setz dich.

– **to throw one's weight about** *(colloq.)*
sich (mächtig) aufspielen, seinen Einfluß geltend machen:

He was throwing his weight about as though he were the big boss.
Er führte sich auf, als wäre er der große Boß.

WELCOME – you are welcome (to s.th.)
du kannst es gerne haben, meinetwegen, wenn es Dir Spaß macht, bitte sehr:

Do you really want that old sewing machine? You're welcome to it, the ugly old thing.
Willst du wirklich die alte Nähmaschine haben? Das häßliche alte Ding kannst du gerne haben.

Thanks for the present. – You're welcome.
Danke für das Geschenk. – Bitte sehr.

WET – to wet one's whistle *(colloq.)*
sich die Kehle anfeuchten, einen trinken, heben:

Here are two glasses and a bottle of beer. Perhaps you want to wet your whistle.
Hier sind zwei Gläser und eine Flasche Bier. Vielleicht wollt ihr etwas trinken.

WHAT – ...and what not (od. **... and what have you**) *(colloq.)*
...und sonst noch einiges, etliches:

He wrote novels, a play, several short stories and what have you.
Er schrieb Romane, ein Drama, etliche Kurzgeschichten und sonst noch einiges.

– so what?
na und?, was tut's schon?, na wenn schon!:

She has an illegitimate child. So what?
Sie hat ein uneheliches Kind. Was ist schon dabei?

WHIP – to have the whip hand (**of** od. **over s.o.**)
Gewalt (od. Macht, die Oberhand) (über j-n) haben, (über j-n) zu bestimmen haben, (j-m) Vorschriften machen können:

They negotiated as if they had the whip hand.
Sie verhandelten, als hätten sie zu bestimmen.

WIN – to win hands down
spielend gewinnen:

Mary won hands down. The other competitors were far behind her.
Mary gewann spielend. Die anderen Teilnehmer lagen weit hinter ihr.

WIND – to have (od. **get**) **the wind up**
„Bammel", „Schiß" haben, kriegen:

He got the wind up when he saw the lion coming up towards him.
Er kriegte einen Heidenschiß, als er den Löwen auf sich zukommen sah.

– to wind s.o. up *(sl.)*
j-n veräppeln:

What do you mean, the boss is retiring and I'm next in line for the job. You're winding me up!
Was meinen Sie damit, der Chef geht in Ruhestand, und ich habe die besten Chancen, seinen Job zu bekommen. Wollen Sie mich veräppeln?

WIPE – to wipe out *(sl.)*
ruinieren:

John was wiped out in the Stock Exchange crash. He lost a million pounds and now he has to start again.
Der Börsenkrach ruinierte John. Er verlor eine Million Pfund, und jetzt muß er von vorne anfangen.

WISE – to get wise to s.th. *(sl.)*
etw. „spitzkriegen", merken, hinter etw. kommen:

We got wise to the fact that burglars had been here when we saw the mess in the room.
Wir merkten, daß Einbrecher hier gewesen waren, als wir das Durcheinander im Zimmer sahen.

– to put s.o. wise to s.th.
j-m etw. „stecken", j-n in etw. einweihen:

Old-timers put him wise to the tricks of cardsharps.
Alte Hasen weihten ihn in die Falschspielertricks ein.

– wise up (to s.th.) *(sl.)*
den Tatsachen ins Gesicht sehen, sich vernünftig benehmen:

You should wise up to the fact that jobs don't grow on trees. You'll have to make an effort yourself.
Du solltest der Tatsache ins Gesicht sehen, daß Arbeitsplätze nicht auf Bäumen wachsen. Du mußt dich schon selbst anstrengen.

The teacher doesn't like it when people know more than she does. Wise up or you'll get bad marks.
Die Lehrerin mag es nicht, wenn man mehr als sie weiß. Verhalte dich danach, sonst bekommst du schlechte Noten.

– workwise *(sl.)*
was die Arbeit angeht, arbeitsmäßig:

How are you? – Workwise everything is fine but my private life is a mess.
Wie geht es Ihnen? – Was die Arbeit betrifft, gut, aber mein Privatleben ist ganz durcheinander.

WIT – to have one's wits about one
seine fünf Sinne beisammenhaben:

You will need to have your wits about you for the test.
Du wirst für den Test deine fünf Sinne beisammenhaben müssen.

WOBBLY – to throw a wobbly *(sl.)*
eine Szene machen, in Wut geraten, ausrasten:

It's always the same when people try to tell Harry what to do. He throws a wobbly and then walks out.
Es ist immer das gleiche, wenn jemand versucht, Harry zu sagen, was er tun soll. Er macht eine Szene und stampft hinaus.

WOLF – to keep the wolf from the door
sich über Wasser halten, sich durchschlagen:

They had just enough to keep the wolf from the door.
Sie hatten gerade genug, um sich über Wasser halten zu können.

WORD – to be as good as one's word
zu seinem Wort stehen, sein Wort halten:

She said she would give me back the book by Saturday, and she was as good as her word.
Sie hat gesagt, sie würde mir das Buch bis Samstag zurückgeben, und sie hat Wort gehalten.

to keep the wolf from the door

– to be unable (od. **hardly able**) **to get a word in edgeways** (od. **edgewise**)
nicht (od. kaum) zu Wort kommen:

The guest speaker was hardly able to get a word in edgeways.
Der Gastredner war kaum zu Wort gekommen.

– to have a (quick od. **quiet** od. **private** usw.**) word (about s.th.)**
ein schnelles (od. ruhiges od. privates usw.) Wort (über etw.) wechseln:

Could I have a quick word with you about this strange letter from Hong Kong?
Könnte ich mit Ihnen schnell über den merkwürdigen Brief aus Hong Kong reden?

– to have words (with s.o.)
sich (mit j-m) streiten:

He and his friend had words, and they parted.
Er und sein Freund stritten miteinander, und sie trennten sich.

– words fail me
ich bin sprachlos:

What, Joan is going to get married to that fool? Words fail me.
Was, Joan hat vor, diesen Narren zu heiraten? Ich bin sprachlos.

WORK – to make short work of s.th. (od. s.o.)
kurzen Prozeß, nicht viel Federlesens mit etw. (od. j-m) machen:

They made short work of the man's case and sent him off to prison.
Sie machten kurzen Prozeß mit dem Mann und steckten ihn ins Gefängnis.

– to work s.th. out
eine Lösung finden:

I'm sure we can work something out. Let's meet after work and see if we can think of a way forward together.
Ich bin mir sicher, daß wir eine Lösung finden können. Treffen wir uns nach der Arbeit und gucken wir, ob wir uns zusammen einen Ausweg ausdenken können.

WORLD – for all the world
in jeder Hinsicht, (ganz) genau:

Charles is for all the world like his father when he was young.
Charles gleicht genau seinem Vater, als dieser jung war.

WORSE – (very much) the worse for wear
1. alt und abgetragen:

The man's clothes were very much the worse for wear.
Die Kleider des Mannes waren alt und abgetragen.

2. mitgenommen, angegriffen:

You're looking the worse for wear after all that beer.
Du siehst nach all dem Bier ganz mitgenommen aus.

WORTH – for what it's worth *(colloq.)*
ohne Garantie:

That's the latest news. I pass it on to you for what it is worth.
Das ist das Neueste. Ich erzähle es dir weiter, aber ich kann mich dafür nicht verbürgen.

WRONG – to get hold of the wrong end of the stick
1. die Sache völlig verkehrt anfassen, anpacken:

I think you're getting hold of the wrong end of the stick. Let me explain again.
Ich glaube, du packst die Sache völlig verkehrt an. Ich werde es dir noch einmal erklären.

2. die Sache völlig mißverstehen, falsch auffassen:

He got hold of the wrong end of the stick: He ought to have invited the Pearsons, and not the Scotts for dinner.
Er hat die Sache völlig mißverstanden: Er hätte die Pearsons und nicht die Scotts zum Abendessen einladen sollen.

Y

YEARS – not to have seen s.o. for donkey's years *(colloq.)*
j-n seit einer Ewigkeit nicht gesehen haben:

I saw Mary in town this morning. – Mary! I haven't seen her for donkey's years.
Ich habe Mary heute morgen in der Stadt gesehen. – Mary! Ich habe sie seit einer Ewigkeit nicht mehr gesehen.

Register

Deutsches Register der Übersetzungen

Als Stichwort für die alphabetische Anordnung dient das charakteristische, die Bedeutung tragende Wort der deutschen Redewendung. Die Ziffern bezeichnen die Seiten.

Abkürzungen

Die Tilde (~) ersetzt das Stichwort.
etw. = etwas
j-d = jemand
j-m = jemandem
j-n = jemanden
j-s = jemandes
od. = oder
uws. = und so weiter

A

A (wer A sagt ...) 137
ab (~ und zu) 123, 128
abblasen 34
abfertigen (j-n kurz ~) 168
abfinden (du wirst dich damit ~ müssen) 110; (sich mit etw. ~) 195
abgeben 80
abgehen 6
abgelegen 201
abgemacht! 17
abgerissen 51
abgesehen (~ von) 103; (es auf j-n ~ haben) 84
abgewöhnen (sich etw. ~) 78
abhanden kommen 6
abhauen 40, 173, 202
abkratzen 31
ablehnen 203
Abneigung (eine starke ~ haben gegen) 196
abrechnen (mit j-m ~) 56, 165
absagen 34
abseits 201
absolut 123
abspringen 132
abstoßen 151
abwarten 208
abweisend 127
abziehen (= kopieren) 160
Achse (auf ~ sein) 73
achten (darauf ~, daß man nicht aneckt/sich richtig benimmt) 133; (darauf ~, daß ...) 168
aggressiv 39
ähneln (j-m ~) 192

ahnen 28
ähnlich (das sieht ... ~!) 106
Ahnung (keine ~ von etw. haben)
    40; (ich habe keine ~!) 166
Akzent (einen dicken ~ haben) 5
akzeptabel (nicht ~) 106, 131
Alkohol (dem ~ abgeschworen) 208
all (mit ~em Drum und Dran) 107;
    (~e) 129
allein (~e) 133; (~ die Idee usw.)
    207
allerdings 115
allerhand 126
allerlei (~ Kleinigkeiten/Überbleib-
    sel) 126
alles (~ in allem) 33
Allgemeinheit (nicht für die ~
    bestimmt) 155
allzu 61
Almosen (j-m ~ geben) 81
alt 200; (mein[e] Alte[r] 128;
    (~ und abgetragen) 214
Alter (~ schützt vor Torheit nicht)
    65
ander (alles ~re als) 12; (etw. ganz
    ~es sein als) 60
andererseits 115; (~ ... auch nicht) 7
anders (es sich ~ überlegen) 23
andrehen (j-m etw. ~) 135
aneinandergeraten 169
anfahren (j-n ~) 24
anfallsweise 63
Anfang (einen neuen ~ machen)
    101
anfangen 193; (ganz von vorn/
    mit nichts ~) 166
Anforderung (den ~en entsprechen)
    165
angeben (gib nicht so an!) 41
angegriffen 214
angehen 75; (was geht mich das
    an?) 199
angeschrieben (bei j-m gut/
    schlecht ~ sein) 29
angreifen (ernsthaft ~) 74
angucken 32

anheimstellen (j-m ~) 150
Anklang (~ finden) 37; 73
ankommen 37; 73
anmerken (sich etw. nicht ~ lassen)
    58
annehmen 75
anpacken 75
anprobieren 202
anrufen 22, 26, 156
anschauen 32, 108
anschließen (sich j-m ~ mögen)
    93
anschnauzen 26
ansehen (j-n/etw. schief/
    mißtrauisch ~) 12;
    (kurz ~) 129
anspielen (~ auf) 53
anstellen (etw. ~) 13
anstiften (zu etw. ~) 151
Anstoß (an etw. ~ nehmen) 192
anstrengen (sich ~) 149; (sich ganz
    besonders ~) 208
anzeigen (j-n bei der Polizei ~) 204
Apfel (in den sauren ~ beißen
    müssen) 110
Appel (für einen ~ und ein Ei)
    179
appellieren (an j-n ~) 150
Arbeit (bei der ~ sein) 93; (was die
    ~ angeht) 212; (keine ~ haben)
    108; (mit der ~ aufhören) 98
arbeitsmäßig 212
Ärger (~ bringen) 129
ärgerlich (~ über j-n) 206
Argument (ein treffendes ~ haben)
    144
Arm (auf den ~ nehmen) 101, 114,
    149
arrangieren (sich mit etw. ~) 195
Aspekt (unter dem ~) 194
attraktiv (j-n ~ finden) 59
auch (~ gleich) 114
aufbürden (j-m etw. ~) 162
Auffassungsgabe (eine schnelle ~)
    206
auffrischen 31

aufgeben 78, 81, 135;
  (eine abwartende Haltung ~) 62;
  (nur nicht ~) 48
aufgeschmissen 205
aufgeweckt (eine ~e Person) 190
aufhalsen (j-m etw. ~) 104, 110,
  162
aufhören 46; (hör schon auf
  damit!) 41
aufklären 105
aufkreuzen 150
aufladen (sich zuviel ~) 24
aufpassen 208
aufpolieren 31
aufraffen (sich zu etw. ~ können) 61
aufräumen (mit etw. ~) 189
aufregen (sich [nicht] ~) 48, 78,
  170
Aufregung (nur keine ~!) 55
aufreiben (j-n ~) 69
aufspielen (sich [mächtig] ~) 209
Aufstand (einen ~ machen) 180
auftauchen 204
Auge (ein wachsames ~ haben auf)
  56; (kein ~ zutun) 177;
  (unter vier ~n) 130;
  (ein ~ zudrücken) 26, 144;
  (mutig ins ~ sehen) 57;
  (j-m schöne ~n machen) 71
Augenblick 166, 198;
  (einen kleinen ~) 116; (im ~)
  199;
  (im letzten/rechten ~) 121
Augenweide 175
ausdiskutieren 84
auseinanderfallen 6
auseinandersetzen (sich mit etw.~)
  75
ausfragen (j-n tüchtig ~) 139
ausgebucht 198
Ausgehverbot 76
ausgerechnet 207
ausgeschlossen! 123
ausgespielt (~ haben) 84
ausgestattet (~ mit) 180
ausgleichen 111

aushalten (etw. nicht ~ können) 19
auskennen (sich ~) 99, 100
auskommen (mit etw./j-m ~) 50, 67;
  (mit seinen Einkünften ~) 56
auslassen 116, 176
Ausnahme (eine ~ machen) 144
ausnahmsweise 26
ausnutzen (j-n/etw. ~) 6
auspacken 40
ausplaudern (alles ~) 19
ausprobieren 74; (durch A~) 202
ausquetschen 139
ausrasten 212
ausschließen 102, 158; (bei j-m
  nicht ~) 135
aussehen (schlecht/wie eine
  wandelnde Leiche ~) 47;
  (so wie es jetzt aussieht) 182
aussetzen (etw. auszusetzen haben
  an) 192
aussitzen 176
ausstehen (etw./j-n nicht ~ können)
  19
aussteigen 132
auswählen (sorgfältig ~) 139
Auszeichnung 61
Außenseiter 125
Äußere (j-n nach dem ~n beurteilen) 58
außerhalb (~ des
  Schicklichen/Erlaubten) 135
äußerlich (~ betrachtet) 57
außerordentlich (~ schnell/rasch)
  101

B

babyleicht 33
bald 33
Bammel (~ haben/kriegen) 210
Bandbreite (mit einer ~ von) 70
Bank (auf die lange ~ schieben) 151
bedacht (auf etw. ~ sein) 144
bedenken 10
bedeuten 183

221

beeilen (sich ~) 67, 118
beenden 34
befassen (sich mit etw. ~) 74
befördern (j-n ~) 97
begegnen (j-m ~) 44
begleiten (j-n nach Hause/heim~) 167
begnügen (sich mit etw. ~) 50
begreifen 37
Begriff (im ~ sein) 5
behalten 82
behandelt (so ~ werden, wie man die anderen ~) 113
beharren (auf etw. ~) 95
behaupten (sich gegen etw. ~) 19
behelfen 50
Beherrschung (die ~ verlieren) 35
behilflich (j-m ~ sein) 80
Bein (fast nur aus ~en bestehen) 10; (mit beiden ~en auf der Erde) 50, 76; (sich die ~e vertreten) 178; ([wieder] auf den ~en) 73, 132; (sich ein ~ ausreißen) 101
beinah 9
beipflichten (j-m ~) 59
beirren (sich nicht ~ lassen) 77
Beispiel (j-s ~ folgen) 65
beitragen (wesentlich dazu ~) 73
bejahrt 200
bekannt (j-m ~ vorkommen) 157
belasten (j-n mit etw. ~) 110
beleidigen 34, 93
beleidigt (~ sein) 192
bemühen (so sehr ich mich auch bemühe) 104
beraten (sich ~) 86
beratschlagen 86
bereichern (sich ~) 61
bereit (~ haben) 178
Bereitschaft (in ~) 184
Bericht (j-m einen ~ über etw. geben) 160
berücksichtigen 10
beruhigen (j-n/sich ~) 156, 169
Berührung (mit j-m in ~ kommen) 158

beschäftigt 198
beschämen 170
Bescheid (~ wissen) 99, 165; (j-m ~ stoßen) 127
(be)schimpfen 34
Beschlag (in ~ nehmen) 89
Besitzer (den ~ wechseln) 80
besorgen 64; (es j-m ~) 71, 85
besser (sich eines B~en besinnen) 23; (~ daran sein) 22, (~ gestellt sein) 22; (~ sein als j-d) 22
bessern (sich sittlich ~) 113
best (in den ~en Jahren) 148; (j-n zum ~en halten) 149
bestätigen (j-m etw. ~) 14
bestehen (auf etw. ~) 150
bestimmen (die, die zu ~ haben) 147; (zu ~ haben) 210
bestrafen 132
beteiligen (an etw. ~/beteiligt sein [lassen]) 92
betreffen (was das betrifft) 60
betreiben 74
beugen (sich j-m [od. einer Sache] ~) 70
beurteilen (etw. optimistisch/ernst/ einseitig/schlecht ~) 207
bevorstehen (j-m ~) 186
Bewegung (ständig in ~) 73
Beweislast (die ~ liegt bei ...) 130
bewußt (~ machen) 90
bewußtlos 131
Beziehung (seine ~en spielen lassen) 149
bieten 49
Bilanz (~ ziehen) 193
Bild (j-n ins ~ setzen) 140; (im ~e sein) 99
bitte 113, (~ sehr) 209
blaumachen 127
blechen 66
bleiben 82
Blick (auf den ersten ~) 57; (j-m verliebte ~e zuwerfen) 71

Blitz (wie ein ~ aus heiterem Himmel) 28; (wie der ~, wie ein geölter ~) 173
bluten (tüchtig ~ müssen) 136
Boden (an ~ gewinnen/verlieren) 76
Bogen (einen großen ~ um j-n machen) 22
Boot (in einem ~ sitzen) 27
böse (~ sein) 77; (miteinander ~ sein) 194
Braten (den ~ riechen) 178
bringen (es zu etw. ~) 142
Brot (wes ~ ich eß, des Lied ich sing) 136
Bruch (in die Brüche) 157
Butterbrot (es einem immer wieder aufs ~ schmieren) 158; (für ein ~) 179

C

Chance (sich ~n ausrechnen) 59
cool 100; (~ bleiben) 142

D

dableiben 82
Dach (unter ~ und Fach sein) 170; (j-m aufs ~ steigen) 140
dafür (~ bin ich auch) 166
dahinschleppen (sich ~) 52
dahinterklemmen (sich ~) 32
Damm (nicht auf dem ~) 112
dämmern (einem ~) 204
Dämpfer (j-m einen gehörigen ~ versetzen) 192
daneben 106, 131
danebenbenehmen (sich ~) 35
danebengehen 58
dann (~ und wann) 63, 123
darstellen 183
Dauer (auf die ~) 159
Däumchen (~ drehen) 88

Daumen (die ~ halten/drücken) 96; (einen grünen ~ haben) 75
davonkommen (glimpflich ~) 68; (ungestraft ~) 67; (gerade noch ~) 119; (j-n ~ lassen) 104
dazwischenfunken 18
Decke (sich nach der ~ strecken) 46, 56; (an die ~ gehen) 64, 89; (mit j-m unter einer ~ stecken) 79

demnächst 33
demütig 34
denkste! 37
deplaziert 141
deprimiert 52, 118
deshalb 165
deswegen 165
dick (~ auftragen) 141
dienen (zu etw. ~) 7
doch (also ~) 6
Dorf (böhmische Dörfer) 75
Draht ([nicht] auf ~ sein) 9, 16, 190
dranbleiben 95
draufzahlen 136, 143
Dreck (sich einen ~ um etw. scheren) 117
Dreiergruppe 197
drin (das ist nicht ~) 128
Drink (ein rascher ~) 153
Druck (j-n unter ~ setzen) 150
drücken (sich ~ vor) 29, 38, 68
dulden (etw. nicht ~) 183
dumm 171; (~es Zeug) 91; (nicht ~ sein) 64
dünn (~ gesät) 62
durchdrehen 123, 181
durcheinanderbringen 114
durchgehen (etw. ~ lassen) 26, 104
durchputzen 129
durchschlagen (sich ~) 212
durchsetzen (sich ~) 18
durchstehen 176

223

E

Effeff (etw. aus dem ~ beherrschen) 62
egal 9
Ehre 61
ehrlich 206; (~!/eine ~e Antwort) 186; (nicht ~ gemeint) 200
Eifer (im ~ des Gefechts) 88
Eigenarten 132
eigennützig (~e Zwecke verfolgen) 13
eigenständig 18
eigentlich 113
Eimer (im ~) 52
einarbeiten (sich ~) 169
einbrocken (j-m etw. ~) 104
Eindruck (bei j-m keinen/ nicht viel ~ machen) 45, 58
einfallen (j-m ~) 43
Einfluß (seinen ~ geltend machen) 209
eingehen (auf etw. ~) 94
eingenommen (von etw. ~ sein) 191
eingestehen 183; (alles ~) 40
einholen 37
Einklang (im ~ stehen mit) 140
einleben (sich ~) 169
einlesen (sich ~) 169
einmalig 98
einordnen (ein Gesicht ~) 58
einrenken 180
einsatzbereit 184
einschlagen 37
einschränken (etw. ~) 45
Einschränkung (eine ~ aber ...) 115
einsetzen (sich ernsthaft ~) 149; (sich voll ~) 27
einspringen (für j-n ~) 183
einstehen (für etw. ~) 12
eintreten (für j-n ~) 184
einverstanden (mit etw. [nicht] ~ sein) 89
einweihen (j-n in etw. ~) 92, 211
Einzelerfolg (ein kurzer ~) 64

Einzelheiten 132; (etw. in allen ~en kennen) 92
Eisen (das ~ schmieden, solange es heiß ist) 85, 188
Ende (am ~ sein) 49, 84, 102; (am ~ seiner Kraft/seines Lateins) 6, 157, 195
endgültig 74, 132
energisch (~ werden) 65
Enge (in die ~ getrieben sein) 15
entfernt (himmelweit von etw. ~ sein) 60
entgegensehen (gelassen ~) 58
entlassen (~ werden) 40, 63
entlasten 90
Entschuldigung (keine ~ für etw. haben) 102
Entscheidungskampf 161
entschieden (~ gegen etw. sein) 168
entschließen (sich ~) 116
entschlossen (fest ~ sein) 169
entspannen (sich ~) 105
entsprechen (den Erwartungen nicht ~) 172
Erbarmen (hab ~) 88
erbetteln 32
Erfahrung (aus eigener ~ wissen) 42
Erfolg (am ~ beteiligt sein) 6; (etw. zu einem ~ machen/ haben mit etw.) 111
erfreulich (ein ~er Anblick) 175
erholen (sich [von j-m] ~) 132, 139
erinnern (immer wieder daran ~) 158
Erinnerung (eine ~ in j-m wachrufen) 157
erklären (j-m etw. [noch einmal] ~) 34, 140, 160, 197
erledigen 69
erledigt 40, 49, 51; (total ~ sein) 10
ernst (~ bleiben) 187; (etw. nicht so ~ nehmen) 105
erreichen (zu ~ sein unter der Telefonnummer ...) 128
erscheinen 150; (j-m [als] ... ~) 188; (bei j-m ~) 204

erschlagen (wie ~) 47
erschöpft (völlig ~ sein) 47
erst (fürs ~e) 199
ertragen 152; (etw. [tapfer] ~) 19
erwähnen 31
erwarten (etw. zu ~ haben) 92
erwischen 81, 155
erzählen (j-m etw. noch einmal ~) 160
Etikette (die ~ beachten) 184
etwas (~ kühl/heiß/teuer usw.)175
Ewigkeit 189; (j-n seit einer ~/ seit ~en nicht gesehen haben) 7, 215
explodieren 89

F

fachsimpeln 171
fackeln (nicht lange mit etw. ~) 28
Fall (ganz/nicht mein ~) 44, 165; (auf jeden ~) 154; (auf [gar] keinen ~) 5, 105
falsch (an der ~en Stelle stehen) 182; (~ machen) 166; (die Sache völlig ~ auffassen) 215
Familie (in der ~ liegen) 159
Familiengeheimnis (streng gehütetes ~) 176
fangen (sich ~) 132
fast 9
Faß (dem ~ den Boden ausschlagen) 193
Faust (mit der ~ auf den Tisch hauen) 65
Federlesen (nicht viel ~s machen) 214
fehl (~ am Platz) 106, 131, 141
fehlen (j-m ~ an) 188
Fehltritt (sich einen ~ leisten) 27
Feierabend (~ machen) 46, 98
feiern (gebührend ~) 27
ferner (unter ~ liefen) 11
Fernsehen (im ~) 30

fertig (~ sein) 10, 40; (~ werden mit) 42, 47; (restlos ~ sein) 51
fertigmachen (j-n ~) 69
festbleiben 77
festhalten 82
festlegen (sich nicht ~ wollen) 61; (j-n auf etw. ~) 141
festnageln (j-n auf etw. ~) 141
Fettnäpfchen (ins ~ treten) 27, 66
Feuer (zwischen zwei ~n) 48
feuern (gefeuert werden) 161
finden 80
Finger (den ~ auf die Wunde legen) 62; (j-n um den ~ wickeln) 69; (keinen ~ rühren/krumm machen) 105; (die ~ von etw. lassen) 50, 116; (in die ~ kriegen) 81
Fleck (sich nicht vom ~ rühren) 185
fliegen (= rausschmeißen) 161
Form (in ~ von) 194
förmlich (sehr ~ sein) 184
fortjagen 133
fortschicken 168
Frage (kommt nicht in ~) 102, 123, 128
frech (~ wie Oskar) 28
Frechheit (die ~ besitzen) 120; (welch eine ~) 38
frei (~ erzählen) 130
Frieden (für ~ sorgen) 146; (wieder ~ schließen) 83
froh (~ sein, etw. loszuwerden) 14
frühzeitig (nicht ~ handeln) 208
Fuchtel (unter j-s ~) 197
fühlen (sich mies/nicht gut/ nicht wohl ~) 209
funktionierend 161
für (~ etw. sein) 89
Fuß (auf eigenen Füßen stehen) 133; (mit dem linken ~ zuerst aufstehen) 21; (mit j-m auf gutem/schlechtem ~ stehen) 194

G

gaga (~ sein) 109
Gängelband (j-n am ~ haben) 188
Gänsehaut (j-m eine ~ verursachen) 43
ganz (~ und gar) 107; (aufs G~e gehen) 74
Garantie (ohne ~) 215
Gaul (einem geschenkten ~ ...) 70
geben (es j-m ~) 71, 85; (was gibt es im Theater usw.?) 129
Gebet (j-n ins ~ nehmen) 192
gebrauchen (ich könnte etw. gut ~) 49
gedeckt (nicht ~ sein) 30
gedruckt 24
geeignet (für etw. nicht/bestens ~ sein) 45
gefahren (was ist in dich ~?) 70
gefallen 77; (jedem ~ wollen) 10
Gefallen 203
gefaßt (sich auf etw. ~ machen) 30, 92; (auf etw. ~ sein) 17
Gefühl (etw. im ~ haben) 28
Gegend (die ~ unsicher machen) 134
Gegenstück 131
gehen (auf einen Sprung zu j-m ~) 122; (das geht nicht) 72
gehupft (~ wie gesprungen) 31, 176
geistig (~ [nicht] ganz da sein) 9
geizen (nicht an/mit etw. ~) 185
geizig (~ sein) 143
geladen 39
gelassen 100
gelaunt (gut/schlecht/mies usw. ~) 118
Geld (~ herausrücken) 66; (nicht für ~ und gute Worte) 109
Geldspritze 172
gelegen (sehr ~ kommen) 81
Gelegenheit (bei ~) 129; (die ~ ausnutzen) 188
gelegentlich 56
geliefert (~ sein) 102
gelten 90; (viel ~) 36
gemein (~ behandeln) 155
Gemeinheit (eine ~ begehen) 49
gemeinsam (~ überlegen) 200
genau (es nicht zu ~ nehmen) 145; (ganz ~) 181, 214
geradeheraus 173
geradestehen (~ für etw.) 57
geradezu 123
gerecht (~ teilen) 170
gerettet (rechtzeitig/in letzter Sekunde ~) 21
gern (du kannst es ~ haben) 209
gerufen (wie ~ kommen) 81
geschaffen (nicht/wie ~ sein für etw.) 45
Geschäft (ein ~ machen) 188
geschehen (~ ist geschehen) 44; (was auch [immer] geschieht) 154
Geschichte (rühr nicht alte ~n auf!) 50
geschlagen (sich für ~ erklären) 81
Geschmack (ganz/genau/nicht nach j-s ~ sein) 44, 88, 165, 187; (~ an etw. finden) 77
geschweige (~ denn) 103, 120
Gesicht (j-m wie aus dem ~ geschnitten) 181; (ins ~) 173
Gespräch (sich in ein ~ hineindrängen/einmischen) 32
gestern (nicht von ~ sein) 29
gesucht (sich ~ und gefunden haben) 98
gesund (~ und munter) 8; (nicht ~ aussehen) 41
gewachsen (einer Sache ~ sein) 61
Gewalt (~ über j-n haben) 210; (j-n in seiner ~ haben) 188
Gewicht (~ haben) 36; (das fällt überhaupt nicht ins ~) 119
gewissermaßen 12

Gewohnheit (j-m zur ~ werden) 77
gewonnen (damit ist schon viel ~, damit hat man ~es Spiel) 79
gießen (in Strömen ~) 146
Glanzstück 135
glauben (das glaubst du selbst nicht!) 66; (kaum zu ~!) 120
gleich 198; (~ und ~ gesellt sich gern) 24
gleichen (sich ~ wie ein Ei dem anderen) 137
gleichgültig 9; (es ist mir völlig ~) 35
gleichtun (es j-m ~) 96
Gleis (sich in eingefahrenen/ausgefahrenen ~en bewegen/in ein eingefahrenes ~ geraten) 161, 201
Glück (ein ~ daß ...) 93; (~ haben) 93; (auf gut ~) 126; (viel ~) 109; (zum ~) 195
glücken 204
glücklich (~ machen) 47
Gott (~ behüte/bewahre!) 138
Gram (sich vor ~ verzehren) 55
Gras (ins ~ beißen) 31
Grenze (sich hart an der ~ des Erlaubten bewegen) 163
Grips (~ haben) 123
grollen (j-m ~) 77
groß (im ~en und ganzen) 33
größenwahnsinnig (~ sein, werden) 23
gültig (~ sein) 90
Gunsten (im Zweifelsfall zu j-s ~ entscheiden) 22
gut (es ~ haben/~ dran sein) 176; (fast so ~ wie) 121; (j-n ~ finden) 59; (~ mit j-m auskommen) 89; (sich ~ mit j-m verstehen) 89; (ist schon ~!) 113; (sich ~ mit j-m stellen) 96; (zu etw. ~ sein) 7; (zu viel des G~en) 201
guttun (es würde mir ~) 49

H

Haar (ein ~ in der Suppe) 64; (j-m die ~e zu Berge stehen lassen) 78
Haaresbreite (um ~) 176
haargenau 191
haben (du kannst es ~) 9; (es ja so ~ wollen) 12; (was man hat, das hat man) 23
hageln (~ vor ...) 195
Haken (der ~ daran) 64
halblang (mach' mal ~!) 102
Hals (j-m zum ~ heraushängen) 174
halten 185; (etw. nicht ~) 73; (zu j-m ~) 184; (viel/wenig/nicht viel/nichts von etw. ~) 89, 186
Hand (aus erster ~) 90; (die ~ im Spiel haben) 62; (eine ~ für Pflanzen haben) 75; (in andere Hände übergehen) 80; (zur ~ gehen) 80; (mit j-m ~ in ~ arbeiten) 79; (seine Hände in Unschuld waschen) 81
handelseinig (~ werden) 188
Handgelenk (aus dem ~) 44
handgreiflich (~ werden) 41
hängenlassen 102
hart (es ist ~ für j-n) 157; (~ im Verhandeln sein) 17
Hasenfuß 164
Haufen (einen ~ Geld verdienen) 141
haufenweise 141
Häuschen (aus dem ~ geraten) 85
Haut (aus der ~ fahren) 47; (in j-s ~ stecken) 171; (seine eigene ~ retten) 177
Hebel (alle ~ in Bewegung setzen) 102
heben (einen ~) 210
heimisch (sich ~ fühlen) 169
heimlich (~, still und leise) 153
heimzahlen (j-m etw. ~) 56
Heiratsantrag (einen ~ machen) 145

helfen (j-m bei etw. ~) 80
herabsehen (verächtlich auf j-n ~) 107
heranmachen (sich ernsthaft an etw. ~) 68; (sich an etw. [Schwieriges] ~) 43
herausfinden 204
herausfordern (es selbst ~) 12
herauswinden (sich aus etw. ~) 68
hereinfallen (auf j-n ~) 58
hereinlegen 49, 101
hereinschauen (kurz bei j-m ~) 53
herumgammeln 114
herumhacken (~ auf) 67, 74
herumkriegen 69
herumlungern 82
herummäkeln (an j-m ~) 139
herumreden (um die Sache ~) 32
herumreiten (auf etw. ~) 74
heruntergekommen 51
herunterhandeln (j-n/den Preis ~) 20
heruntermachen 151
herunterputzen 26
herunterspielen 142
Herz (j-n auf ~ und Nieren prüfen) 151; (ans ~ wachsen) 77; (ein ~ und eine Seele sein) 79, 167
Heu (... wie ~) 16
hin (~ und wieder) 56, 123, 128
hinauswerfen 133
hinauswollen (~ auf) 53, 67
hinbringen (j-n/etw. mit dem Auto ~) 160
Hindernis (ein ~/~se in den Weg legen) 150, 197
hineindrängen (sich ~) 18
hineinknien 15
hingerissen 35
hinhauen 17
hinreißen 189; (sich ~ lassen) 35
Hinsicht (in dieser ~) 165; (in jeder ~) 214
hinsichtlich 194
hinten (j-n gern von ~ sehen) 14

hinter (~ j-m/etw. her sein) 7; (etw. ~ sich bringen/kriegen) 69
Hinterbeine (sich auf die ~ stellen) 88
Hintergedanke (nicht ohne ~n) 200
Hinterhand (in der ~ haben) 178
hintertreiben (die Sache ~) 197
hinüber 109
hinweg (über etw. ~ sein) 132
hinwegsetzen (sich über etw. ~) 57
hoch (zu ~ für j-n) 87
Hochtouren (auf ~) 25
Hoffnung (in der leisen ~) 126
Höhe (die ~ sein) 193; ([gesundheitlich nicht] auf der ~) 112, 165, 180
holen (sich etw. ~) 73
Holzweg (auf dem ~ sein) 18
hören (das läßt sich schon eher ~!) 106
Hühnchen (mit j-m ein ~ zu rupfen haben) 28
Hühnerauge (j-m auf die ~n treten) 20
Hund (schlafende ~e soll man nicht wecken) 50; (vor die ~e gehen) 50; (~e, die bellen, beißen nicht)18; (auf den ~ gekommen) 51; (auf den ~ kommen) 146

I

ich (~ zum Beispiel/~ meinerseits) 129
Idee (eine ~ haben) 115
ignorieren (etw. bewußt ~) 26
immer (für ~) 74
informieren (j-n über etw. ~) 160
Initiative (auf eigene ~) 18
inoffiziell 155
interessieren (sich [sehr] für etw. ~) 74, 92
irgendwann (~ einmal) 129
ironisch 200

J

ja (~ oder nein) 191
Jacke (~ wie Hose) 31, 176

jede (~r) 129; (~r zweite) 131
jedenfalls 154
Jubeljahr (alle ~e einmal) 26

K

k.o. 131
Kältewelle 178
kämpfen (j-n für etw. hart ~ lassen) 159
kandidieren 183
kapieren 37, 69
Kapital (aus etw. ~ schlagen) 36
kaputtmachen 26, 166
Karte (seine ~n aufdecken/offen auf den Tisch legen) 174; (seine ~n geschickt ausspielen) 34
Kasse (getrennte ~ machen) 54
Katze (die ~ aus dem Sack lassen) 37; (die ~ im Sack kaufen) 140; (wie die ~ um den heißen Brei herumschleichen) 32
Katzensprung 186
kaufen (gekauft wie gesehen) 152
Kehle (sich die ~ anfeuchten) 210
kehren (vor der eigenen Tür ~) 91
Keim (im ~ ersticken) 122
kein (~, ~e, ~en ... mehr haben) 160
keinesfalls! 105
keinesweg 5
kennen (etw. in- und auswendig/ durch und durch ~) 92
Kettenreaktion 99
Kieker (j-n auf dem ~ haben) 84
Kind (das ~ beim [richtigen] Namen nennen) 181
Kinderspiel (ein ~) 33
Klacks (ein ~) 33
klammheimlich 153
klappen 17

klar (~ und deutlich) 109; (es ist ~, daß ...) 184
klarkommen (mit etw. nicht ~) 86
klarmachen (j-m etw. ~) 53, 69, 90
klarwerden (sich über seine Lage ~) 193
kleingedruckt (das K~e lesen) 148
kleinlaut 34
Klemme (in der ~) 43, 91, 198, 205
knapp (mit ~er Not davonkommen) 119; (~ bei Kasse) 82; (~ entkommen) 170
kneifen 38, 132
Knüppel (j-m einen ~ zwischen die Beine werfen) 150
Kollege 131
kommen (dazu ~, etw. zu tun) 67; (hinter etw. ~) 211; (komme, was wolle) 154
konfrontieren (mit etw. konfrontiert werden) 160
Kontakt (mit j-m in ~ kommen) 158
Kopf (die Köpfe zusammenstecken) 86; (seinen ~ riskieren) 185; (sich in den ~ setzen, etw. zu tun) 86; (j-m den ~ abreißen) 24; (seinen ~ durchsetzen) 209; (vor den ~ stoßen) 93
kopfüber 85
Kopfzerbrechen (~ bereiten) 87
Kosten (keine ~ scheuen) 27; (auf j-s ~ leben) 181; (sich die ~ teilen) 54
kosten (wieviel kostet das?) 46
Krach (~ schlagen/machen) 97
Kraft (mit aller ~) 25
krank (sich ~ gemeldet haben) 127
kränken 93
Kreuz (ein ~ zu tragen haben) 20
kribbelig (~ machen) 55
Kriegsbeil (das ~ begraben) 83
Krimskrams 126
kritisieren 67, 98
Krone (die ~ aufsetzen) 152
Kühnheit (die ~ besitzen) 120

kümmern (sich nicht mehr ~ um) 135
kurz (ganz ~/~ zusammengefaßt) 124; (mit j-m ~ angebunden sein) 171; (um es ~ zu machen, ~ und gut) 186; (~ gesagt) 107; (~ und knapp) 162
kurzum 107, 171

L

lachen (j-m vergeht das L~) 101; (sich das L~ verkneifen) 57; (sich vor L~ biegen/ausschütten, vor L~ umkommen) 175
Lacher (einen ~ unterdrücken) 187
Laden (den ~ schmeißen) 173
Lage (in übler/derselben mißlichen ~ sein) 27, 52; (sich der ~ gewachsen zeigen) 157; (die ~ peilen) 167
Lager (auf ~ haben) 178
lala (so ~) 60
lang (es nicht mehr ~e machen) 102; (noch ~e nicht) 78
Länge (sich in die ~ ziehen) 52
Lärm (~ schlagen) 97
Last (eine ~ zu tragen haben) 20
laufen (am L~) 161
laufend ([sich] auf dem ~en halten/ bleiben) 95, 145
Laune (j-n bei ~ halten) 190; (schlechte ~ haben/j-m die ~ verderben) 91
lauschen 147
Leben (ein neues ~ beginnen) 101; (j-m das ~ zur Hölle machen) 50; (sich ein schönes ~ machen) 106
lebenslänglich 104
Lebenszeit (auf ~) 104
Leckermäulchen (ein ~ sein) 190
leer (~es Gerede) 91
legen (sich ~) 169
leger (sich ~ geben) 78
Lehrgeld (~ bezahlen müssen) 82

Leib (etw. am eigenen ~ erfahren [haben]) 42, 82
Leiche (eine ~ im Keller) 176
leichtfallen (j-m ~) 41
leiden ([nicht] ~ können) 192
Leine (j-n an der ~ haben) 188
Leistung (für empfangene ~en) 155
Leitung (eine lange ~ haben) 206
Leviten (j-m die ~ lesen) 187, 192
Licht (j-n hinters ~ führen) 150; (~ in eine Sache bringen) 105
Lieblingsstück (ein einstudiertes ~) 135
liegen (es liegt an j-m) 205; (weitab vom Schuß ~) 111
links (j-n ~ liegenlassen) 42
Loch (auf dem letzten ~ pfeifen) 102
locker 100
Löffel (mit einem goldenen/silbernen ~ im Mund geboren sein) 175
Logik (ohne jede ~) 156
logisch (es ist ~, daß ...) 184
Los (das große ~ ziehen) 93
los (~ sein) 72, 205; (was ist denn jetzt ~ mit dir?) 70
lösen (etw. glücklich ~) 202
loslegen 43
Lösung (eine ~ finden) 214
loswerden 54, 69; (die Verantwortung für etw. ~) 69
Luft (die ~ ist rein) 41; (in der ~ hängen) 109; (in die ~ gehen) 64
Lügenmärchen 194
Lunte (~ riechen) 178
Lust (große ~ haben, etw. zu tun) 115; (keine ~ zu etw. haben) 29
lustig (sich über j-n ~ machen) 145

M

machen (da kann man nichts ~) 196; (macht nichts) 113, 115; (was macht das schon aus?) 126; (da ist nichts zu ~) 72

Machtwort (ein ~ sprechen) 65
Macht (~ haben) 210
mächtig (die M~en) 147
madig (~ machen) 98
Mann (bis zum letzten ~/~ für ~) 111
Mark (durch ~ und Bein gehen) 55
massig 16
Maul (das ~ halten) 174
mehr (~ oder weniger/~ dran sein als .../~ dahinterstecken als ...) 118; (~, als man auf den ersten Blick sieht) 113
meinen (ich meine ...) 113
meinetwegen 209
Meinung (j-m gründlich/gehörig die ~ sagen) 127, 140; (j-s ~ akzeptieren) 145; (meiner ~ nach) 116; (seine ~ aufgeben) 14; (von seiner ~ abrücken) 14; (seine ~ sagen) 164; (genau meine ~) 166
Meister (seinen ~ finden) 112
meistern (etw. mit Ruhe/ souverän ~) 142
Mensch (sei ein ~) 88
Menschenverstand (gesunden ~ haben) 123
merken 211
messen (sich nicht ~ können mit) 136
Messer (auf ~s Schneide) 201; (bis aufs ~ bekämpfen) 200
Miene (gute ~ zum bösen Spiel) 75
mies (in den M~en stehen) 155
Miesmacher (ein ~ sein) 24
mißglücken 58, 204
mißverstehen 215
mitgenommen 214
mithalten (mit j-m ~) 96
mitmachen (bei etw. nicht mehr ~) 52; (da mache ich nicht mit!) 42
mitnehmen (j-n im Auto ~) 105
mitreißen 189

Mitte (direkt/genau in der ~ von) 177
Mittel (mit allen ~n bekämpfen) 200
mitten (~ in ...) 195
mögen 95; (j-n [nicht] gern ~) 192
möglich (sein ~stes tun) 74
Möglichkeit (auf die entfernte ~ hin) 126; (eine entfernte ~) 172
Mond (hinter dem ~ liegen) 111
Morgenstunde (~ hat Gold im Munde) 54
Mühe (sich besondere/viel/die größte ~ geben) 74, 101, 208
Mund (~ halten!) 118; (den ~ halten) 174; (nicht auf den ~ gefallen sein) 70
Münze ([nicht] für bare ~ nehmen) 58, 163; (mit gleicher ~ heimzahlen) 199
müssen (das muß man ihm lassen) 80; (muß das sein!) 115
mustern 129
müßig (~ herumstehen) 88
Mut (den ~ nicht sinken lassen) 96

N

na (~ und?/~ wenn schon!) 210
nach (~ und ~) 33
nachfragen (ohne über die Herkunft nachzufragen) 152
nachgeben (j-m ~) 70
Nachricht (die gute/schlechte ~ ist) 120
nachschlagen (j-m ~) 192
Nacht (die ~ durchmachen/die ganze ~ durchfeiern) 121
nachziehen 65
Nagel (den ~ auf dem Kopf treffen) 119
näher (damit kommen wir der Sache schon ~!) 106
nämlich 113

Narr (~en nicht leiden können) 188;
   (j-n zum ~en halten) 149
Nase (die ~ rümpfen über) 107,
   123; (es einem immer wieder
   unter die ~ reiben) 158; (die ~
   voll haben) 61; (j-n an der ~ herumführen) 101
Nasenlänge (um eine ~ voraus sein)
   130
nebenbei (~ bemerkt) 33
Neid (das muß der ~ ihm lassen) 48
neigen (~ zu) 194
nein (~, so was!) 120
Nerv (j-m auf die ~en gehen) 134;
   (vielleicht ~en haben!) 119
Nervensäge (eine ~ sein) 134
nett (sei so ~) 88
neu (j-m ~ sein) 121
neulich 131
nicht (~ zuletzt, ~ zu vergessen) 100
nichts (~ zu tun haben wollen mit)
   81; (~ da!/[da ist] ~ zu machen!)
   123; (~ Besonderes/Berühmtes)
   123
nie (~ und nimmer!) 105
niedergeschlagen 118
niemals! 102
noch (~ dazu) 17; (~ heute usw.)
   207
Not (mit knapper ~) 176
nützlich 81; (j-m ~ sein) 184
nutzlos (so ~ wie ...) 207

O

oben (die da ~) 147
obendrein 17
Oberhand (die ~ haben/gewinnen)
   80, 210
oder (~ so) 106
offen 206
Öffentlichkeit (nicht für die ~
   bestimmt) 155
öffnen (sich ~) 130
ohne (~ mich!) 42

Ohr (die ~en spitzen) 147; (bis
   über beide ~en) 86; (die ~en
   steifhalten) 96; (ganz ~ sein) 10;
   (übers ~ hauen/gehauen werden)
   83, 148, 156
Ordnung (absolut nicht in ~) 106,
   131; (völlig in ~) 156
organisieren 64, 152; (sich
   besser ~) 6
originell (nichts O~es tun) 201

P

packen (es nicht mehr ~) 109
Palme (j-n auf die ~ bringen) 15
parat (etw. ~ haben) 62
Partei (~ ergreifen) 62; (nicht ~
   ergreifen wollen) 61
passen (genau zu etw. ~) 140;
   (j-m gut ~) 187; (nicht ~) 141
passieren 72
Pauke (auf die ~ hauen) 106, 134
Pech (vom ~ verfolgt) 52
Pechsträhne (eine ~ haben) 52,
   136
Pechtag 126
peinigen 132
petto (in ~ haben) 115, 178
Pfeife (nach j-s ~ tanzen) 20
Pferd (aufs falsche ~ setzen) 90;
   (das ~ vom Schwanz her aufzäumen) 36
platt (j-n ~ sein lassen) 99; (da war
   ich einfach ~!) 99
Platz (am ~ bleiben) 185; (nicht am
   richtigen ~/am falschen ~) 182
plaudern 38
Pläuschchen (ein ~ halten) 38
pleite 157; (~ sein) 31
plus/minus 70
preisgeben 37, 103
primitiv (~ leben) 158
Prinzip (es sich zum ~ machen)
   144
privilegiert 175

probieren 173
Problem (mit einem ~ allein gelassen werden) 94; (das ~ mit etw. ist, ...) 196
problematisch 87
profitieren (von etw. ~) 36
Prozeß (kurzen ~ machen) 214
Prüfung (einer strengen ~ unterziehen) 151
Pudel (des ~s Kern) 124
pumpen 32
Punkt (ein dunkler ~) 176; (der springende ~) 124, 130; (nicht über einen ~ hinausgehen) 52

Q

Quadratur (die ~ des Kreises versuchen) 182
Quelle (aus erster ~) 90
Quere (j-m in die ~ kommen) 200
quitt (~ werden) 56

R

Rad (das fünfte ~ am Wagen) 125
raffen (etw. an sich ~) 89
Rand (sich am ~e der Legalität bewegen) 163
rangehen 73
ranhalten (sich ~) 32
rar 82
ratlos 48
Raubbau (~ an seiner Gesundheit treiben) 32
rausschmeißen 161; (rausgeschmissen werden) 161
realistisch 50
rechnen (mit etw. ~) 17
Rechnung (eine alte ~ begleichen) 165
recht (es jedem ~ machen) 10
recht (j-m ~ geschehen) 168; (~ haben) 144; (alles, was ~ ist) 48
Rechtfertigung (etw./wenig/nichts zu seiner ~ vorbringen können) 164
rechtzeitig (gerade noch ~) 121
Rede (das ist nicht der ~ wert!) 113; (der langen ~ kurzer Sinn) 107
redegewandt 70
reden 38; (mit j-m Tacheles/Klartext ~) 106, 187; (ständig von etw. ~) 74
Regen (vom ~ in die Traufe kommen) 66
regnen (stark ~) 146
reich (~ werden) 141
reichlich 11, 142
reinlegen 148, 156
reizbar 39
renovieren (ein Haus/eine Wohnung ~) 141
Retter (j-s ~ in der Not sein) 163
Rettung (j-s letzte ~ sein) 163
richtig (ganz ~) 156
Riemen (sich am ~ reißen) 76
Riesenspaß (einen ~ an etw. haben) 96
Risiko (kein ~ eingehen) 142
Rolle (keine ~ spielen) 119, 126
Ruck (sich einen ~ geben) 76, 148
rückgängig (etw. ~ machen) 34
Rückhalt (~ haben an) 58
ruckweise 63
Rüffel (j-m einen ~ erteilen) 53
Ruhe (immer mit der ~!) 55; (j-n in ~ lassen) 14; (die ~ selbst bleiben) 142; (für ~ sorgen) 146; (sich nicht aus der ~ bringen lassen) 78
rühren (sich nicht ~) 104
ruinieren 211
ruiniert 49
Runde (über die ~n kommen) 56

S

Sache (aus der ~ heraus sein) 40;
(die ~ am Hals haben) 13;
(zur ~ kommen) 30, 144;
(die ~ ist die, ...) 196
Sack (mit ~ und Pack) 16; (in den ~ stecken) 99
Saft (im eigenen ~ schmoren) 94
sagen (etw./nichts/ nicht viel zu ~ haben) 164; (das sag' ich dir!) 191; (die, die etw. zu ~ haben) 147; (etw. ~ wollen) 199; (sag bloß!) 66
Salz (das ~ der Erde) 163
Samthandschuhe (j-n [nicht] mit ~n anfassen) 72
Sand (j-m ~ in die Augen streuen) 150
satt ([gründlich] ~ haben) 61, 174
schäbig (~ aussehen) 51
schablonenhaft 44
Schäfchen (sein ~ ins trockene bringen) 61
schaffen 69; (es gerade noch ~) 45; (einen Termin ~) 111
Schale (sich in ~ werfen) 72
Schärfe (die ~ nehmen) 55
Schatten (j-n in den ~ stellen) 98, 170
schätzen (j-n [nicht besonders] ~) 154
schaudern (j-n ~ lassen) 43
scheitern 59
scheren (sich um etw./j-n [nicht] ~) 29
schiefgehen (etw., das fast schiefgegangen wäre) 119
Schild (etw. im ~e führen) 178, 205
schimpfen (mit j-m ~) 198
Schiß (~ haben/kriegen) 210
schlafen (sich ~ legen) 203
Schlag (j-m einen ~ unter die Gürtellinie versetzen) 89; (zwei vom gleichen ~) 98

schlagen (j-n haushoch/locker ~) 90; (sich ~) 41
schlau (aus etw. nicht ~ werden) 86
schlecht (mehr ~ als recht) 60; (~ behandeln) 155; (~ gelaunt/drauf) 19, 180
Schleichwerbung (~ machen) 143
schließlich 6, 8, 46
Schlüsse (voreilige ~ ziehen)
Schluß (für heute ~ machen) 46
Schnäppchen (ein ~ sein) 17
schneiden (j-n ~) 42
schnell (mal eben ~ hinunter-/hinein-/hinaus-/herum-/hinaufgehen) 145; (~ schalten) 206
schnorren 32
schnüffeln (nach etw. ~) 122
schnuppe (es ist mir vollkommen ~) 35
Schrei (der letzte ~) 154
Schritt (den entscheidenden ~ wagen) 193; (mit etw./j-m ~ halten) 95, 96
Schule (die ~ schwänzen) 127
Schulter (etw. auf die leichte ~ nehmen) 105
Schwäche (eine ~ für j-n haben) 179
schwärmen (für etw./j-n ~) 95
schwarz (~ auf weiß) 24; (~ kaufen) 152
schweigen 118; (ganz zu ~ von) 103
schwer (~ von Begriff) 206; (~ zu bekommen) 82
Schwierigkeit (in ~en sein) 43, 140
schwimmen 48
Schwung (voll ~ und Energie sein) 19
Seele (sich etw. von der ~ reden) 69
sehen (das sieht ihm/ihr usw. ähnlich!) 9; (j-n irgendwann/im Laufe der Zeit ~) 12; (~, wie der Hase läuft/was los ist) 167
sehnen (sich ~ nach) 49
Seine (das ~ beitragen) 149

Seite (für beide ~n gleichermaßen gelten) 45
Sekunde (auf die ~ genau) 50
selbst (sein gewöhnliches ... ~) 168
selbstverständlich (als ~ betrachten) 75
selten (höchst ~) 26
Semmel (weggehen wie warme ~n) 168
setzen (sich ~) 169, 209; (sich zu j-m ~ mögen) 93
sicher (auf Nummer S~ gehen) 142; (ganz ~) 56; (so ~ wie das Amen in der Kirche) 56
sichergehen 162
Sicherheit (mit ~) 30
Sinn 144; (im ~e von) 194; (ohne ~ und Verstand) 156; (seine fünf ~e beisammenhaben) 212; (j-m in den ~ kommen) 43; (von ~en sein) 115
sitzenlassen 54
so (~ ... wie nur was) 110; (~ gut wie) 9
sobald 180
Socke (sich auf die ~n machen) 201
sofort 198
sollen 7
sonst (~ noch einiges/etliches) 210
sorgen (dafür ~, daß ...) 168
soviel (noch einmal ~) 7
sozusagen 12
Spaß ([keinen] ~ verstehen) 191; (etw. nur zum ~ tun) 96, 101; (~ machen) 98; (wenn es Dir ~ macht) 209
spät (zu ~ kommen) 116
Spatz (der ~ in der Hand ist besser als die Taube auf dem Dach) 23
Spiel (auf dem ~ stehen) 182; (mit j-m ein falsches ~ treiben) 142; (ein abgekartetes ~) 170
spielen (mit j-m ~) 142; (offen ~) 174; (was wird im Theater usw. gespielt?) 129

spielend (~ gewinnen) 210; (~ leicht schaffen) 193
Spielverderber (ein ~ sein) 24
Spitze (die ~ nehmen) 55
spitzfindig 153
spitzkriegen 211
Spleen (einen ~ haben) 21
spottbillig 179
Sprache (zur ~ bringen) 31
sprachlos (ich bin ~) 214
sprechen (nicht [mehr] miteinander ~) 194
Sprung (den ~ [ins Ungewisse] wagen) 193
sprunghaft 101
spüren 28
Stammkneipe 107
Standpauke (j-m eine ~ halten) 53
Stange (bei der ~ bleiben) 77
Staub (sich aus dem ~ machen) 164, 202
stecken (j-m etw. ~) 211
Stegreif (aus dem ~) 44
stehen (zu etw. ~) 117; (auf etw. ~) 92; (nicht zu etw. ~) 73; (wie steht's mit ...?) 5
stehlen 13, 121
Stelle (an j-s ~ sein/stehen) 171; (auf der ~) 83, 180
sterben 31
Stich (j-n im ~ lassen) 102, 104
stichhaltig ([nicht] ~ sein) 89
Stichwort (... ist das ~) 130
stimmen 89; (nicht ~) 89
stinkwütend (~ werden) 64
Stirn (die ~ runzeln) 98; (die ~ bieten) 57
stolz (etw., worauf man ~ sein kann) 61
stoßen (auf etw. ~) 160
Streit (mit j-m ~ anfangen/einen ~ vom Zaun brechen) 139; (in ~ geraten mit) 59
streiten (sich ernsthaft ~) 169; (sich mit j-m ~) 213; (über Kleinigkeiten ~) 153

Strich (j-m gegen den ~ gehen) 75
strikt (~ gegen etw. sein) 168
Strippe (an der ~ gehabt haben) 128
Strohfeuer 64
Stubenarrest (~ haben) 76
Stück (auf j-n große ~e halten) 196
stur (sich ~ stellen) 88
stürzen (sich auf etw. ~) 94
stützen 148
suchen (j-n ~) 7
Suppe (die ~ auslöffeln) 57
Süßigkeiten (~ mögen) 190
Szene (eine ~ machen) 212

T

tadeln 192
Tag (auf den ~ genau) 47; (man soll den ~ nicht vor dem Abend loben) 39; (den ~ zum Erfolg werden lassen) 47; (schlechter ~) 126
Tasche (etw. sicher in der ~ haben) 16; (j-n in die ~ stecken) 90, 157; (j-m auf der ~ liegen) 181
Tat (j-n auf frischer ~ ertappen) 37, 155
Tatendrang (voller ~ sein) 19
Tatsache (den ~n ins Gesicht sehen) 211
tatsächlich 6, 113
taugen (nicht viel ~) 205; (überhaupt nichts ~) 163
Teil (seinen ~ leisten) 149
teilen (sich den Differenzbetrag ~) 181
Tempo (~ vorlegen) 43
Teppich (bleib auf dem ~) 170
Teufel (der ~ ist los) 60; (sich den ~ um etw. scheren) 46; (in ~s Küche sein/sich in ~s Küche bringen) 91
Tick (einen ~ haben) 21
tiefgründiger 113
Tinte (in der ~ sitzen) 140

Tisch (reinen ~ machen) 189
Tod (j-n zu ~e erschrecken) 164; (zu ~e erschrocken) 88
toi (~, ~, ~!) 201
Toilette (auf die ~ gehen) 138
Ton (einen anderen ~ anschlagen) 203
tot (~ sein) 40
total (~ ...) 110
Trab (auf ~ sein) 73
tragen (sich selbst ~) 136
trampeln
trauen (sich überhaupt nichts ~) 164; (sich was ~) 185
Traum (das fällt mir nicht im ~ ein!) 37
traurig (~ über j-n [wegen etw.]) 206
treffen (auf etw. ~) 160
trennen (sich ~) 41
Trickkiste (die ganze ~) 16
Triebfeder (die ~ für j-s Handeln sein) 198
trinken (das T~ aufgegeben haben) 208; (einen ~) 210
Trost (nicht ganz bei ~ sein) 86
trotz 194
trotzdem 9
trotzen (einer Sache ~) 57
tschüs 109
tun (was habe ich damit zu ~?) 199; (~, was einem paßt/was man will) 49; (das tut nichts zur Sache) 119; (nichts zu ~ haben wollen mit) 202; (nichts zu ~ haben) 108; (was tut's schon?) 126, 210
typisch (~ ...!) 106; (das ist ~ für ihn/sie usw.!) 9

U

übel (nicht ~ Lust haben) 79; (~ dransein) 16; (j-m ~ mitspielen) 155

übelnehmen 11, 192
übereinstimmen (mit j-m [völlig] ~) 73, 167
übergehen 102
übergeschnappt 86, 110
überlegen[1] (j-m haushoch/weit ~ sein) 86, 98, 157
überlegen[2] (sich etw. anders ~) 38; (wenn ich es mir recht überlege) 166
Überlegung (bei reiflicher ~) 166
übernehmen (sich ~) 32
überraschen 205
Überraschung (was für eine ~!) 29; (das war vielleicht eine ~!) 99
überreden (j-n ~, etw. zu tun) 193
überschnappen 85
übersehen 102; (etw. ist nicht zu ~) 184
übertreffen (j-n/etw. [weit] ~) 22, 98
übertreiben (maßlos/mächtig ~) 141
übertrieben 61, 201
übervorteilen (j-n ~) 6
überwältigen 189
überzogen 201
übrig (viel für etw./j-n ~ haben) 95
übrigens 33
umbringen (sich fast ~) 101
umhauen 99, 189
Umschweife (ohne ~/es ohne ~ sagen) 162, 187
unangebracht 141
unbeachtet (~ lassen) 102
unberufen! 201
unbeweglich (~ bleiben) 203
uneins (mit j-m ~ sein) 126
unfair 155; (sich ~ verhalten) 89
ungeachtet 194
ungefähr 70
ungehemmt (~ erzählen) 130
ungezwungen (sich ganz ~ geben) 78

unglücklich 118; (sehr ~ aussehen) 146; (~ sein, etw. loszuwerden) 14
ungültig (~ sein) 30
unmöglich 38; (das U~e vollbringen) 182
Unordnung (in ~ sein) 140
unpäßlich 41
Unruhe (~ stiften) 28
unsicher 48
Unsinn (aus blankem ~) 101
unsinnig 156
unsympathisch 127
unten (ganz ~ sein) 52
untertauchen 104
unterwegs 73
unterwürfig 34
unverblümt 173
unverschämt 28
unversucht (nichts ~ lassen) 102
unwahrscheinlich 38, 125
unwichtig 47
üppig 11; (eine ~e Mahlzeit) 182
Ursache (keine ~) 197
urteilen (über j-n ~ können) 165; (vorschnell ~) 94

V

verrückt (~ sein/werden) 124
Vater (ganz der ~ sein) 39
verachten (nicht zu ~ sein) 179
verantworten (sich für etw. ~) 12
Verantwortung (die ~ von j-m sein) 52; (die ~ aufgehalst bekommen haben) 13; (die ~ liegt bei) 130
veräppeln 98, 114, 211
verärgern 158
Verdacht (einen ~ hegen/~ schöpfen) 178; (vom ~ befreit sein) 40
verderben 166; (es nicht mit j-m ~) 96
verduften 40, 164
verdünnisieren (sich ~) 164
vereinzelt 62

Verfügung (es steht dir zur ~) 9
vergleichen (nicht zu ~ mit) 136
Vergnügen (etw. aus reinem ~ tun) 96
vergöttern 196
verhaften 121
verkaufen 49
verkehren (mit j-m [nicht mehr] ~) 42, 158
verkehrt (die Sache völlig ~ anfassen/anpacken) 215; (etw. ~ anfangen) 36
verknallen (sich in j-n ~) 58
verknallt (in j-n ~ sein) 44
verkohlen (j-n ~) 149
verkorksen 26
verlassen (verlaß dich drauf!) 191
Verlegenheit (in ~ sein) 109; (j-n in ~ bringen) 151
verlieben (sich in j-n ~) 58
verliebt (in j-n ~ sein) 44
verloren (~ sein) 84
verlorengehen 6
Verlust (~ haben) 143; (ohne ~ arbeiten) 136
vermasseln 83, 166
Vermögen (ein ~ verdienen) 141
Vermutung (eine vage ~) 172; (nur eine ~) 107
vernünftig (sich ~ benehmen) 211
verpassen (den Anschluß/seine Chance ~) 116
verpatzen 83
Verpflichtungen (~ haben) 198
verpfuschen 83
verraten 71, 72, 103; (alles ~) 19
verrückt 86; (total ~) 110; (~ spielen) 85, 181; (~ geworden sein) 115
verschieben 151
verschnupfen 158
verschroben (~ sein) 21
verschweigen 118
verschwinden 164; (= auf die Toilette gehen) 138
Versprecher 178

Verstand (den ~ verloren haben) 115
versteckt (sich ~ halten) 104
verstehen 37; (sich mit j-m gut/ glänzend ~) 79, 91
verstimmt 180
Versuch (durch ~ und Irrtum) 202
versuchen 74; (es mal mit etw. ~) 43, 173; (~, j-n reinzulegen) 203
verteidigen (sich selbst ~) 18
vertragen (sich mit j-m ~) 67
vertrauenswürdig 163
vertraut (völlig ~ sein mit) 62
verzeihen 104
verzichten (auf etw. ~) 116
verziehen (sich ~) 40
viel (~ zu ...) 79
vollquatschen 54
voraus (j-m weit ~ sein) 157
Vorbedingung (ohne ~en) 152
Vorbehalt (j-n/etw. mit ~ aufnehmen) 163
vorbei (ein für allemal ~/aus und ~) 132
vorbeigehen (am Thema/der Frage ~) 22
vorbeischauen 122; (bei j-m ~) 53
Vorfahrt (die ~ lassen) 72
vorgefertigt 44
vorgehen (geschickt ~) 35
vorhaben 115; (etw./nichts ~) 129
vorläufig 199
Vorliebe (eine starke ~ haben für) 196
vorliebnehmen (mit dem ~, was vorhanden ist) 146
vormachen (ihm kann man nichts ~) 64
vorn (also noch mal von ~) 53
vornehm (~ tun) 8
vornehmen (sich etw. fest ~) 169
Vorrang (den ~ geben) 72
Vorschrift (j-m ~en machen) 210
Vorschuß (einen ~ haben wollen) 206

Vorsicht! 208
Vorteil (auf seinen ~ bedacht sein) 13

W

wachhalten 199
wählerisch (besonders ~ sein) 139
wahrhaben (etw. einfach nicht ~ wollen) 25
Wahrheit (der ~ entsprechen) 119; (um die ~ zu sagen) 113
wahrscheinlich 125, 137
wappnen (sich ~) 30
warmhalten (sich j-n ~) 96
warnen 34
warten (j-n ungebührlich lange ~ lassen) 42; (auf j-n ~) 186; (ungeduldig ~) 88
Wartestellung (in ~) 184
Wasser (sich über ~ halten) 86, 212
Weg (auf dem ~ zum Erfolg sein) 142; (j-m nicht über den ~ trauen) 60; (j-m über den ~ laufen) 44; (j-m aus dem ~ gehen) 22; (sich auf halbem ~e einigen/entgegenkommen) 181
wegen 5
wegfahren 127
weggehen 127
wegschicken 168
Wegstrecke (eine ~ zurücklegen) 76
wehren (sich ~) 18
weit (bei ~em nicht) 78, 175; (zu ~ gehen) 112; (bei ~em) 107
weiter (ohne ~es) 83
weiterkönnen (nicht mehr ~) 195
weitermachen 95
weiterwissen (nicht mehr ~) 195
Wellen (~ schlagen) 28
Welt (um alles in der ~) 104
wenn (~ schon, denn schon) 137
werben (für etw. ~) 143
werden (~ zu) 193

Wert (~ auf etw. legen) 144, 186
wert (nicht viel ~ sein) 205; (überhaupt nichts ~ sein) 163
wesentlich (einen ~en Bestandteil von etw. bilden/~ gehören zu) 135
Wettlauf 161
wichtig 47
widerrufen (Gesagtes ~) 55
widersetzen (sich offen ~) 57
widmen (sich etw. ~) 68; (sich einer Sache ~) 169
wild (es ~ treiben) 35
Wille (seinen ~n durchsetzen) 209; (beim besten ~n) 104
Wimper (nicht mit der ~ zucken) 18, 20
Wind (in den ~ reden) 208
Wirklichkeit (in ~) 6, 113
wirklichkeitsnah 50
Wirkung (die ~ nehmen) 55
wissen (~, wo j-s Interessen liegen/wo was zu holen ist) 100; (nicht ~, was man tun soll) 109
Witz (der ~ kommt erst) 208; (~e reißen) 42
Woge (Öl auf die ~n gießen/die ~n glätten) 146
Wohl (auf sein eigenes ~ bedacht sein) 124
wohl (sich nicht ~ fühlen) 41
wollen (wie Sie ~) 191
Wort (j-m aufs ~ gehorchen) 20; (seine ~e [kleinlaut] zurücknehmen) 55; (seine ~e verschwenden) 208; (zu seinem ~ stehen/sein ~ halten) 212; (nicht/kaum zu ~ kommen) 213; (hat man ~e!) 120; (kein ~ darüber!) 118; (mit einem ~/mit wenigen ~en) 124; (seinen ~en Taten folgen lassen) 117; (ein ~ von dir genügt, und du bekommst es) 13; (ein schnelles/ruhiges/privates ~ wechseln) 213; (sich seine ~e sparen) 31

239

würdigen (j-n/etw. [nicht besonders] ~) 154
Wut (in ~ geraten) 212
wütend (~ werden) 124; (nicht gleich ~ werden) 78

Z

Zack (j-n auf ~ halten) 199
Zahl (in den roten ~en stehen/aus den roten ~en herauskommen) 155
zahlen (kräftig zu ~ haben) 136
Zahn (einen ~ zulegen) 67
Zeche (die ~ zahlen) 169
Zeile (j-m ein paar ~n schreiben) 54
Zeit (etw. für schlechte ~en aufheben/zurücklegen) 154; (von ~ zu ~) 123, 128; (~ verschwenden/j-m die ~ stehlen) 114; (keine ~ haben) 108; (lange ~) 189; (nur noch wenig ~ haben) 45
Zeitlang (eine ~ etw. arbeiten) 185
zerpflücken 139
zerstreiten (sich ~ mit) 59
zerstritten (mit j-m ~ sein) 126
Zeug (das ~ dazu haben) 85; (sich bei etw. ins ~ legen) 15
ziehen (bei j-m nicht ~) 45
zieren (sich ~) 83
Zorn (seinen ~ an j-m auslassen) 132
zuerst (wer ~ kommt, mahlt ~) 54; (~ an sich selbst denken) 124

zufriedenlassen 14
zugehen (~ auf) 67
zugreifen (bei etw. ~) 94
zugrunde (~ gehen) 50, 146
zugute (j-m ~ kommen) 184; (~ halten) 10
zumindest 154
zumuten (sich zuviel ~) 24
Zunge (etw. auf der ~ haben) 199
zurechtbiegen 180
zurechtkommen (~ mit etw.) 69; (~ mit/in/auf) 68
zurechtweisen 180
zurück (gleich wieder ~ sein) 93
zurückgreifen (~ auf etw.) 58
zurückkommen (auf j-n ~) 68
zurücknehmen (alles ~) 183
zurückrufen 68
zurückziehen (sich aus etw. ~) 132
zusammenreißen (sich ~) 76, 148
zusammenstellen 152
zusehen (~, daß ...) 168
Zustand (im gegenwärtigen ~) 182
zustandekommen (nicht ~) 59
zustatten (~ kommen) 184
zustimmen 145; (j-m ~) 59
zutrauen (es j-m ~) 135
zuvortun (es j-m ~) 22
zuwenden (sich einer Sache ~) 81
zuwider (j-m ~ sein) 75
zwangsläufig 30
Zweck 144; (den gewünschten ~ erfüllen) 202
zweit (zu ~) 130
Zwickmühle (in einer ~) 48
Zweikampf (als ~) 130